les Villas

Sur la jaquette, détail de l'affiche
1er Prix, en 1912, du concours
« Merveille de l'océan » de **Zigliara**.

Les dessins en vignette et sur les pages
de gardes sont tirés de la revue
la *Construction Moderne* de 1927
et ont été dessinés par
Félix Pol Joseph **Jobbé-Duval**
(Rennes, 1879- ?), élève architecte en 1898.
Les légendes sont de l'auteur.

Sur les fonds de page de l'ouvrage
se déclinent l'eau, la terre, l'air, le feu
et leur conjonction : la végétation.
Photographies de l'auteur.

16-18, rue de l'Amiral-Mouchez,
75686 Paris cedex 14.
Tél. 01 45 65 48 48.

ISBN 2-7072-0444-7

Conception graphique
et maquette Michel Duris.

Photogravure R.V.B. Editions,
92120 Montrouge.

Imprimé en Italie par
G.Canale & C.S.p.A -
Borgaro T.se (TO).

LA BAULE & SES VILLAS

Le concept balnéaire

Alain CHARLES

La Côte d'Amour
Sa pureté,
    sa lumière,
à ma femme Catherine
    à notre fille Lucie.

A la mémoire d'un bon ami,
le Dr Rémi Durocher (†2001),
« l'humaniste de Pornichet »

SOMMAIRE

Dans la seconde moitié du XIXe siècle, la presse architecturale nationale, rassemblée à Paris, publie dans des revues spécialisées pour architectes nombre de bâtiments institutionnels ou résidentiels. De temps à autre, une villa en bord de mer, une maison de campagne, ou un rendez-vous de chasse ajoutent une note de fraîcheur dans cette forêt de publications professionnelles. A la fin des années 1800, des revues pour néophytes aimant la verdure, telles *Villas et Maisons de Campagne* où *La Vie à la Campagne*, traitent de l'art de vivre hors des villes (domaines, jardins, élevage...) et exposent les dernières nouveautés d'architectes souhaitant relier leurs clients à ladite campagne.

A l'échelle nationale, le premier recueil sur l'architecture balnéaire du littoral atlantique paraît vers 1910 chez Charles Massin et se nomme *Villas et Cottages des bords de l'Océan*. En 72 planches, il égrène de remarquables villas des stations en vogue : La Baule, Royan, Arcachon et Biarritz. La plus jeune, La Baule, âgée d'une trentaine d'années, s'y taille la part du lion, avec plus du tiers des planches dès le début de l'album. Des architectes nantais et quelques parisiens présentent ainsi leurs réalisations, et l'on note déjà à La Baule une tendance vers une architecture dissymétrique en pan de bois (placage ou imitation en béton), plutôt que des villas symétriques et néoclassiques avec appareillage de pierres taillées. Si la plupart des villas au début du siècle tournent autour du style médiéval, gorgé parfois d'un lourd décorum surajouté, une épuration de ce dernier apparaît dès 1910 et annonce le « Régionalisme » (c'est-à-dire : construire dans l'esprit de la région). Déjà en 1890, des villas en granit breton s'implantent sur la côte sauvage du Croisic, mais, surprise !, vingt ans plus tard, deux villas basques s'ancrent sur le sable de La Baule, face à la mer.

La Première Guerre mondiale survient et ravage une partie du territoire national. Sur la Côte d'Amour, l'activité redémarre avec les Années folles, puis s'essouffle en 1936 consécutivement à la crise de 1929. Les deux stations balnéaires La Baule-sur-Mer et Pornichet-les-Pins, implantées au cœur d'une forêt qui fixe les sables d'Escoublac, sont géographiquement reliées par le Bois d'Amour, partie de la forêt non urbanisée. *Dans ce doux dédale des dunes*, les villégiateurs y hument les saines *effluves balsamiques* des pins mélangées aux fraîches *senteurs iodées* de l'Océan. Hygiène et santé en pleine nature. Or, en 1919, des investisseurs achètent puis lotissent en 1922 cette vaste et belle propriété privée si prisée des baigneurs. Les premières villas y sont construites dès 1923.

En 1929, la revue nationale l'*Illustration* fait paraître un numéro spécial sur « la maison », sorte de tour d'horizon de l'architecture privée en France. Quelques pages sont consacrés à La Baule et à son principal architecte, Paul-Henri Datessen. La Société Générale Foncière, originaire du Havre et alors propriétaire du lotissement de La Baule-les-Pins, cherche à relancer la vente de ses terrains et s'offre trois pages de réclame dans cette revue. Cette campagne de propagande se décline aussi dans des fascicules, dépliants, affiches, ou articles dans la presse locale. Puis la SGF édite vers 1930, chez Charles Massin, *Villas modernes de la Côte d'Amour*. En dépit de ce titre géographiquement large, ce recueil est exclusivement réservé aux seules villas du parc-lotissement de La Baule-les-Pins.

Symbole de la nation « entière » après la victoire de 1918, différents architectes y signent une surprenante collection de styles architecturaux des régions bordant le littoral de la métropole et des colonies d'outremer dans une collection d'avenues fleurant bon la France victorieuse : îles, châteaux, villes, musiciens, écrivains... La préface de Joseph Stany-Gauthier, futur conservateur du musée de Nantes, met l'accent sur la douceur du climat et l'heureux mélange des styles, évitant ainsi toute monotonie sous le couvert végétal. Il vante tant et plus, et c'est bien le seul, le nouveau concept de cette architecture toute ouverte sur l'extérieur.

A la même date, un autre album, sobrement appelé *Villas*, paraît chez Vincent & Fréal, et rassemble différentes réalisations d'architectes dans les dernières stations à la mode. Ici encore, La Baule s'impose, avec la moitié des 64 planches. Deux architectes, parisiens d'origine, installés à La Baule depuis sept ans et plus, présentent, tour à tour, six villas bretonnes, (deux anglo-normandes et trois basques pour Adrien Grave et trois bretonnes pour Paul-Henri Datessen).

Entre les deux guerres, les revues d'architecture ne sont pas en reste. Dès 1925, Datessen est le premier de la Côte à présenter deux villas (l'anglo-normande, *Sunny Cottage*, et la coloniale, *Villanelle*) dans la revue professionnelle *l'Architecture*. Puis, dans *l'Habitation Moderne*, revue d'architecture consacrée à la campagne, René Perrey propose quelques villas à La Baule-les-Pins. De 1931 à 1934, *l'Encyclopédie d'Architecture* publie, glissées entre de grands hôtels, aéroports, palais et autres villas du monde entier, de nombreuses constructions bauloises de tous styles signées Datessen, Grave, et son associé, Georges Meunier, plus le Parisien, Fernand Colin. En même temps, *la Construction Moderne* s'oriente sur l'avant-gardiste style paquebot d'Adrien Grave.

Quelques revues locales de tourisme, *les Échos de La Baule*, présentent des villas (sans les plans) tout en vantant la diversité des styles breton, anglo-normand, basque, provençal et colonial enfouis dans la forêt maritime. En 1939 est publié un nouveau numéro spécial de *l'Illustration*, titré « l'habitation », où, pour La Baule, l'éclectisme des styles est mis en avant sous le crayon du même Paul-Henri Datessen, ainsi qu'une villa jumelle bretonne de Marcel Boille, architecte à Tours. Cette revue tourne encore autour des styles (intégration à une identité géographique) sans percevoir le rapport à l'extérieur (liaison homme - nature), comme le ressent Stany-Gauthier. Dans la série « je ne veux voir qu'une tête » et malgré la présentation bauloise très hétéroclite (breton, landais, basque, nordique, provençal), le journaliste Léandre Viallat, chantre du Régionalisme, avoue en 1929 ne pas apprécier ce terme de « villa », trop champêtre, et plutôt prétentieux à son goût lorsqu'il se colle à une architecture internationale de style « absence de style ». De même, en 1939, il lui importe de se conformer à « l'accent de la contrée » et de suivre la « dominance locale », pour ne pas heurter « l'unité de la construction ».

Après la Seconde Guerre mondiale, la revue *Plaisirs de France*, montrant que la vie a totalement repris son cours, expose en 1950 quelques villas d'avant 1939 restaurées et une seule d'après-guerre. Enfin, vers 1960, chez Charles Moreau, paraît le recueil *Petites Maisons et Villas d'Aujourd'hui* sur le principe du coup d'œil de l'architecture nationale tant balnéaire (littoral) que péri-urbaine (banlieue). Si la plupart des villas sont édifiées à Royan, amplement ravagée par les bombes, huit villas bauloises récentes et de style différent y sont publiées. L'architecte parisien Marcel Roux rédige l'introduction. Il y prône une bonne élaboration du programme et insiste sur l'orientation solaire et le jardin comme un « prolongement de votre logis ». C'est en fait dans cette dernière citation, et non dans le foisonnement de styles changeant à chaque époque, qu'il faut chercher le trait principal de l'architecture de villégiature (balnéaire ou autre). En comparaison d'une maison de ville, le charme de toute villa réside dans cette quantité de balcons, vérandas, auvents, etc., ornés de jardinières fleuries et ouvrant sur le jardin, qui n'est autre qu'une salle de séjour à ciel ouvert. Ces « résidences secondaires », si peu considérées par le jeu social du paraître urbain, se révèlent, après étude, primordiales pour le bien-être de l'homme, car elles ont été conçues pour relier l'être humain avec « La » source d'énergie vitale sur terre : la nature.

Sur les quatre-vingt-une villas de cet ouvrage, seule dix-neuf d'entre elles, notées, ont disparu. Devant une telle richesse architecturale avérée, une visite le long de la Côte d'Amour s'impose, car bien d'autres méritent un regard. Peut-être ouvrira-t-on un jour la *Villa de la Côte d'Amour*, sorte de musée balnéaire de toutes les communes, sur la dune de La Baule-les-Pins ? En tout cas, la matière et la documentation existent bel et bien !
Les villas édifiées sur la Côte d'Amour et publiées dans les recueils et dans les revues (listées en annexe) ne sont pas toutes présentées dans cet ouvrage, certains documents étant demeurés introuvables pour cette collection. Les recueils présentés sont consultables au Centre de documentation de la direction régionale des Affaires culturelles à Nantes, ou à la Bibliothèque nationale à Paris. Les revues sont aussi consultables à la Bibliothèque nationale et certaines d'entre elles à la médiathèque de Nantes.

Alors, en prenant soin de pas troubler les occupants de ces villas fleuries,

Belle balade balnéaire à tous !

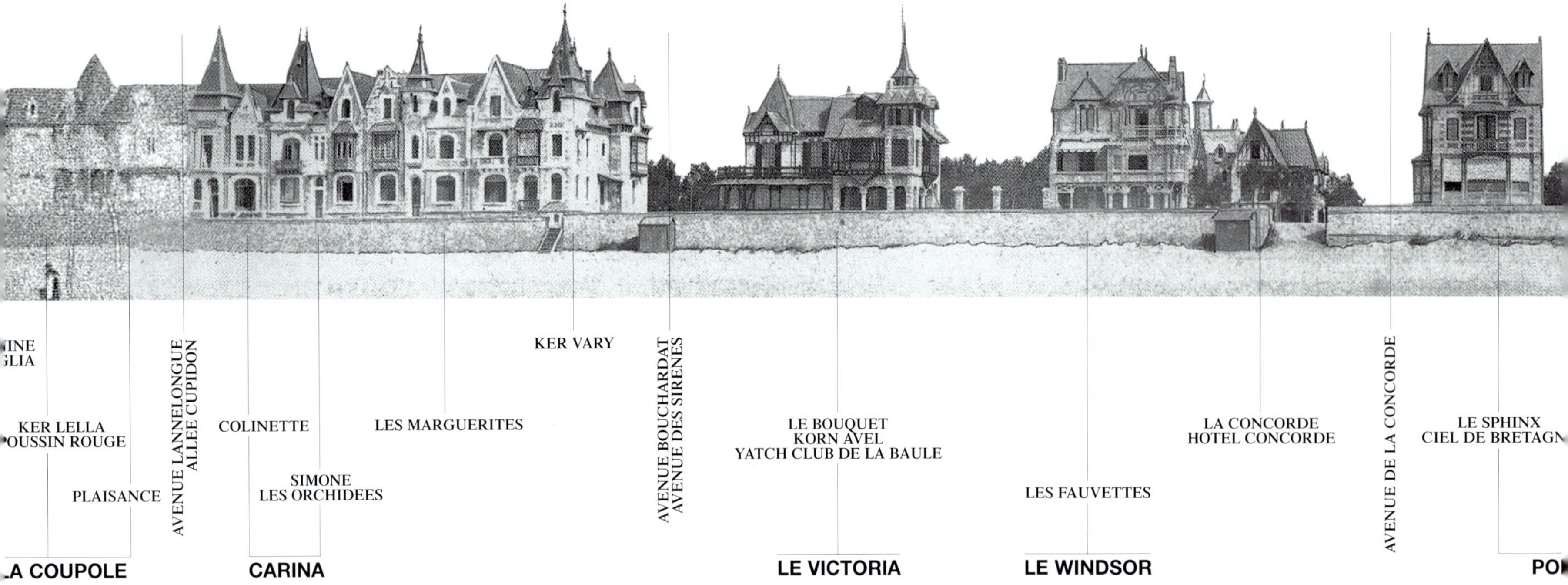

INE
GLIA

KER LELLA
POUSSIN ROUGE

PLAISANCE

AVENUE LANNELONGUE
ALLEE CUPIDON

COLINETTE

SIMONE
LES ORCHIDEES

LES MARGUERITES

KER VARY

AVENUE BOUCHARDAT
AVENUE DES SIRENES

LE BOUQUET
KORN AVEL
YATCH CLUB DE LA BAULE

LES FAUVETTES

LA CONCORDE
HOTEL CONCORDE

AVENUE DE LA CONCORDE

LE SPHINX
CIEL DE BRETAGN

LA COUPOLE **CARINA** **LE VICTORIA** **LE WINDSOR** **PO**

FRONT DE MER DE LA BAULE

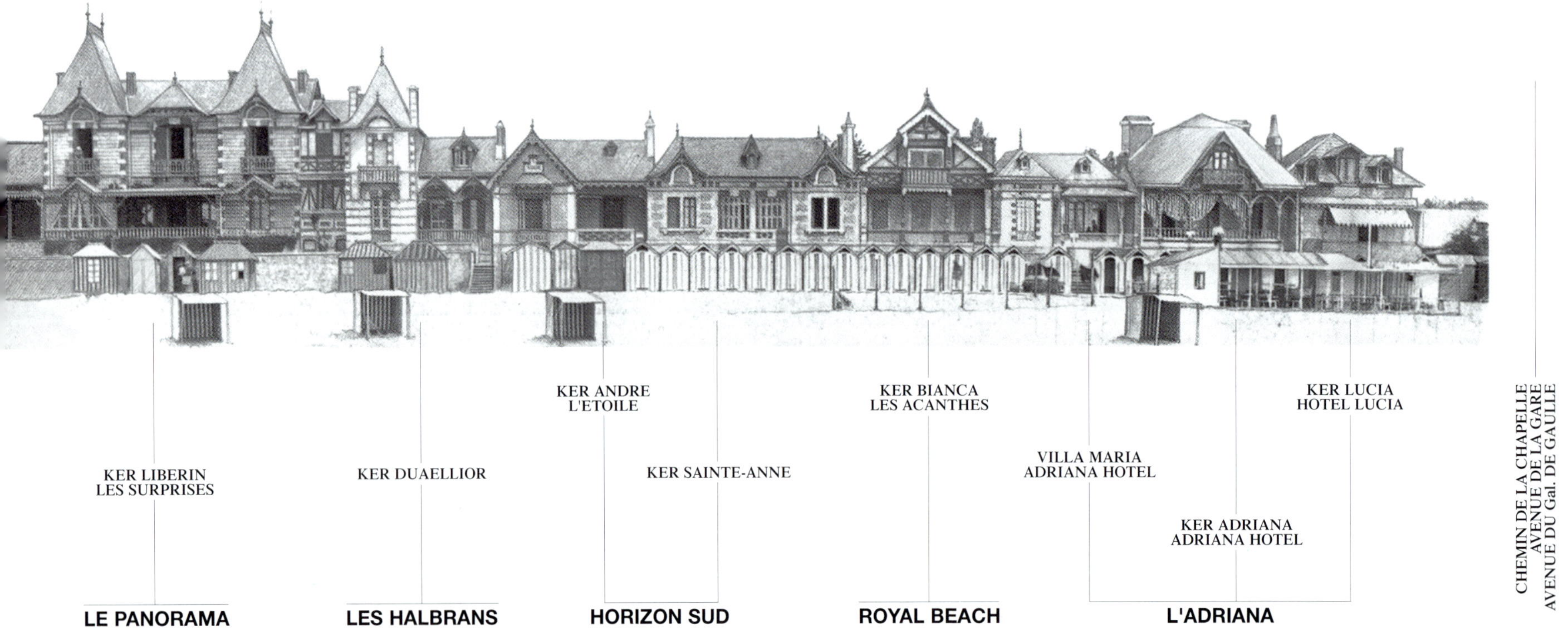

KER LIBERIN
LES SURPRISES

KER DUAELLIOR

KER ANDRE
L'ETOILE

KER SAINTE-ANNE

KER BIANCA
LES ACANTHES

VILLA MARIA
ADRIANA HOTEL

KER ADRIANA
ADRIANA HOTEL

KER LUCIA
HOTEL LUCIA

CHEMIN DE LA CHAPELLE
AVENUE DE LA GARE
AVENUE DU Gal. DE GAULLE

LE PANORAMA **LES HALBRANS** **HORIZON SUD** **ROYAL BEACH** **L'ADRIANA**

Ce photomontage inédit a été réalisé à partir de documents, de différentes qualités, tirés des archives photographiques de **Jules** Hippolyte Victor **DURUPT** (1854-1929).

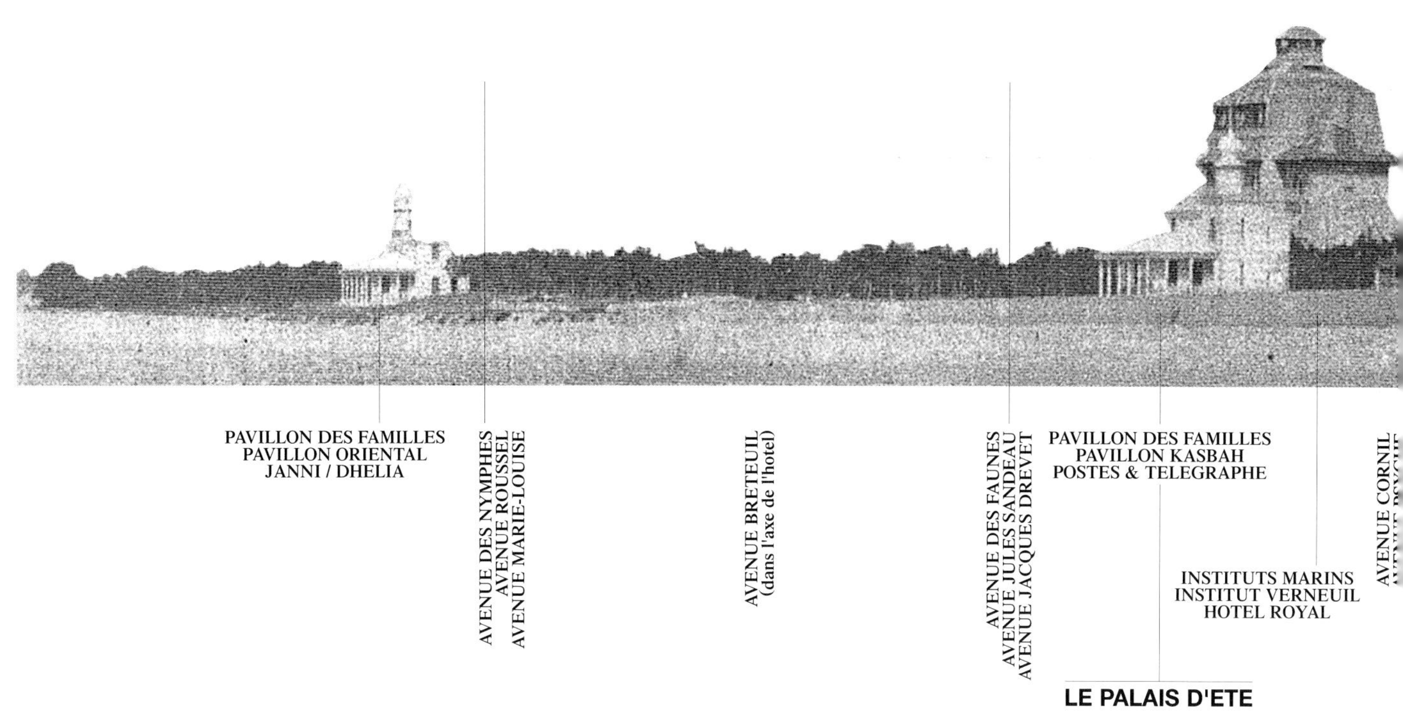
PAVILLON DES FAMILLES
PAVILLON ORIENTAL
JANNI / DHELIA
AVENUE DES NYMPHES
AVENUE ROUSSEL
AVENUE MARIE-LOUISE
AVENUE BRETEUIL
(dans l'axe de l'hotel)
AVENUE DES FAUNES
AVENUE JULES SANDEAU
AVENUE JACQUES DREVET
PAVILLON DES FAMILLES
PAVILLON KASBAH
POSTES & TELEGRAPHE
INSTITUTS MARINS
INSTITUT VERNEUIL
HOTEL ROYAL
AVENUE CORNIL
LE PALAIS D'ETE

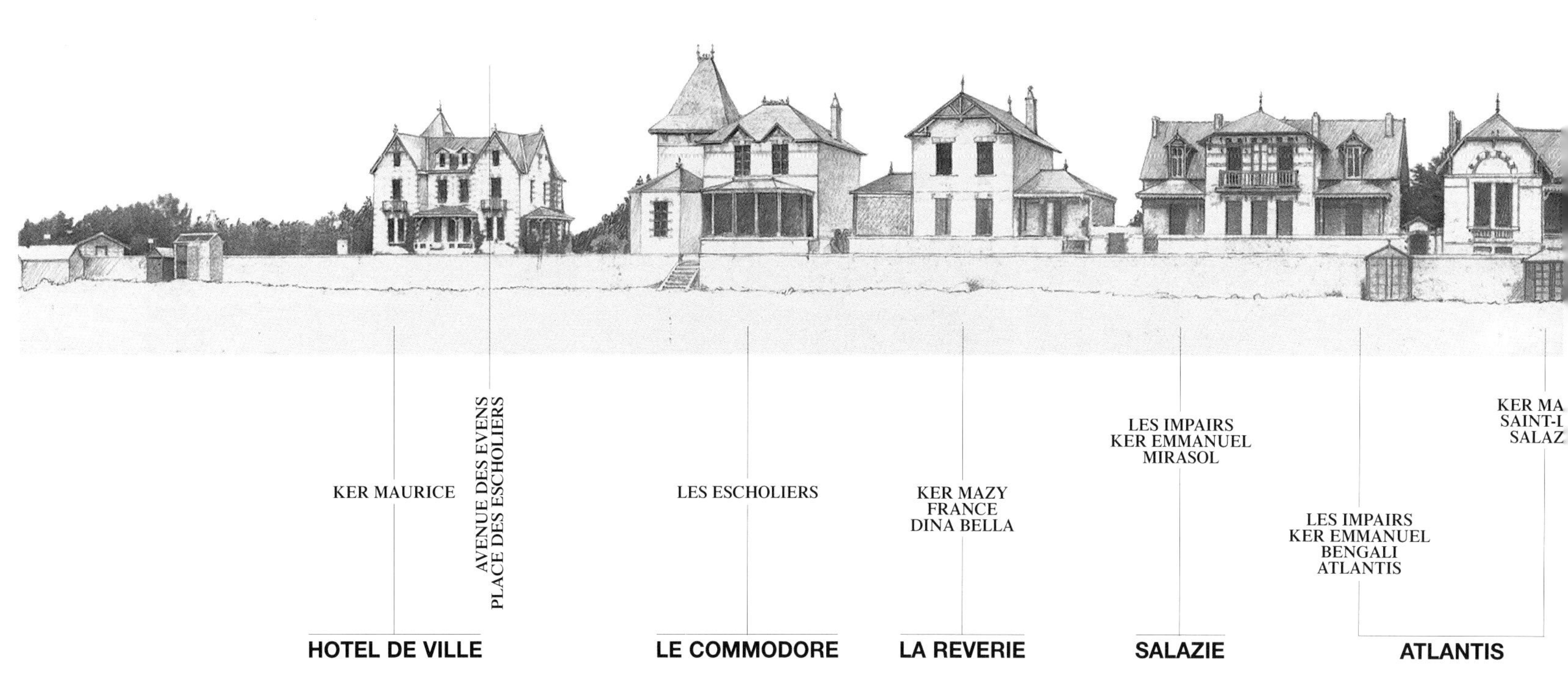
KER MAURICE
AVENUE DES EVENS
PLACE DES ESCHOLIERS
HOTEL DE VILLE
LES ESCHOLIERS
LE COMMODORE
KER MAZY
FRANCE
DINA BELLA
LA REVERIE
LES IMPAIRS
KER EMMANUEL
MIRASOL
SALAZIE
LES IMPAIRS
KER EMMANUEL
BENGALI
ATLANTIS
ATLANTIS

DESSINS D'ARCHITECTE

KER IMPAIR

villa Louis XIII de François Bougoüin. Le Pouliguen, 1873.

(aquarelle sur papier)

KER BEJI

« hostel » médiéval de Jules Deperthes. La Baule.

(planche de l'Architecture Usuelle)

STELLA MARIS

villa médiévale de François Bougoüin. Le Pouliguen, 1898.

(aquarelle sur papier)

VILLA DU LIN

villa néoclassique de Clément Josso. Le Croisic, 1895.

(aquarelle sur papier)

TY RA & TY RA BIHAN
villas bretonnes de Paul-Henri Datessen. La Baule, 1928.
(dans l'*Illustration* 1929)

Le LOGIS d'ARMOR
villa bretonne d'Adrien Grave et Georges Meunier. La Baule, 1926.
(aquarelle sur tirage plan)

Le MORINET
villa bretonne de René Perrey. La Baule.
(dépliant commercial)

BEJAMI puis **ABJAMICO**
villa landaise d'Adrien Grave. La Baule.
(dépliant commercial)

DIT
SAINT-MICHEL
LA TOUR ROUGE
KER MARTHE
YVETTE
CASTEL DOUR
CLARICE
MAMIE
SAINT-YVES
ALLEE DE LA BANCHE
LA TYROLIENNE
KER SUROIT
POMPONETTE
SY BE
CASSIOPEE
LA GRANDE DUNE
LE STROMBOLI
SUROIT

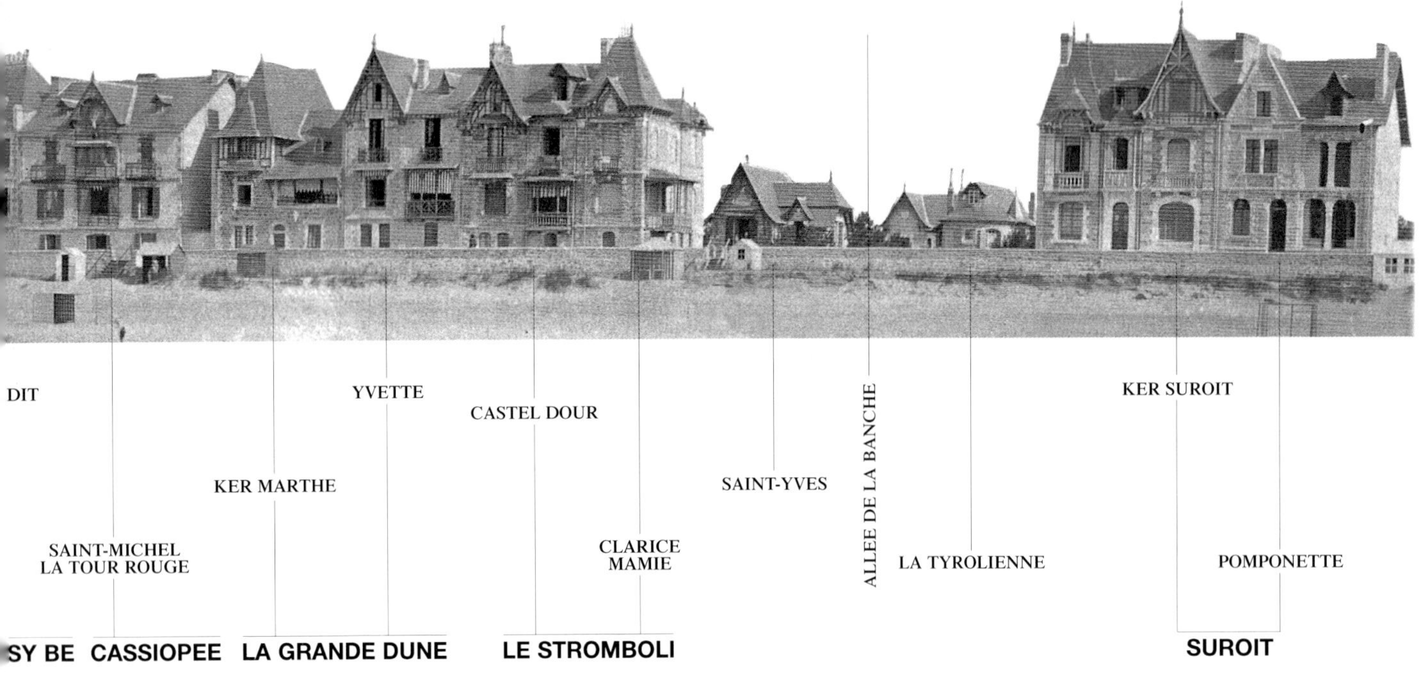

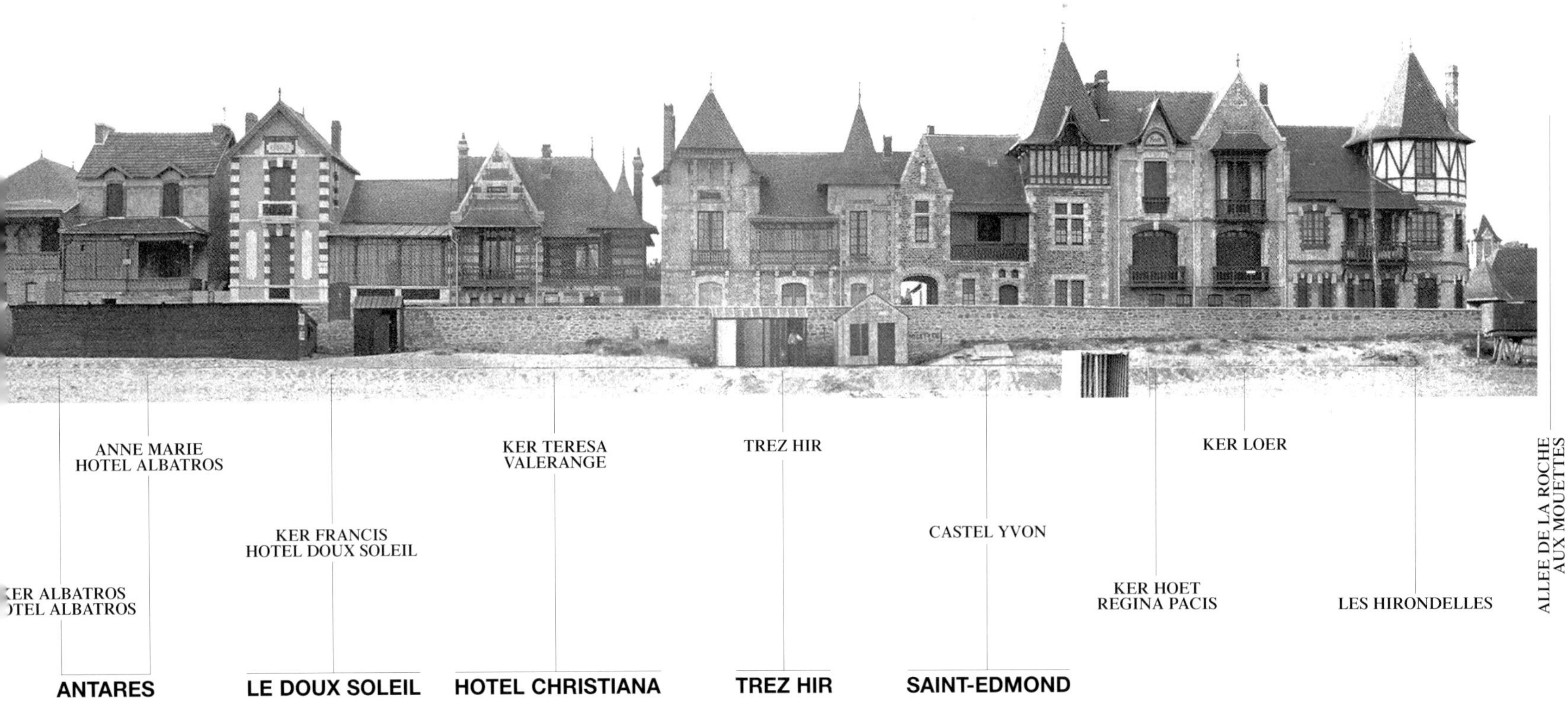

ANNE MARIE
HOTEL ALBATROS
KER ALBATROS
OTEL ALBATROS
KER FRANCIS
HOTEL DOUX SOLEIL
KER TERESA
VALERANGE
TREZ HIR
CASTEL YVON
KER HOET
REGINA PACIS
KER LOER
LES HIRONDELLES
ALLEE DE LA ROCHE
AUX MOUETTES
ANTARES
LE DOUX SOLEIL
HOTEL CHRISTIANA
TREZ HIR
SAINT-EDMOND

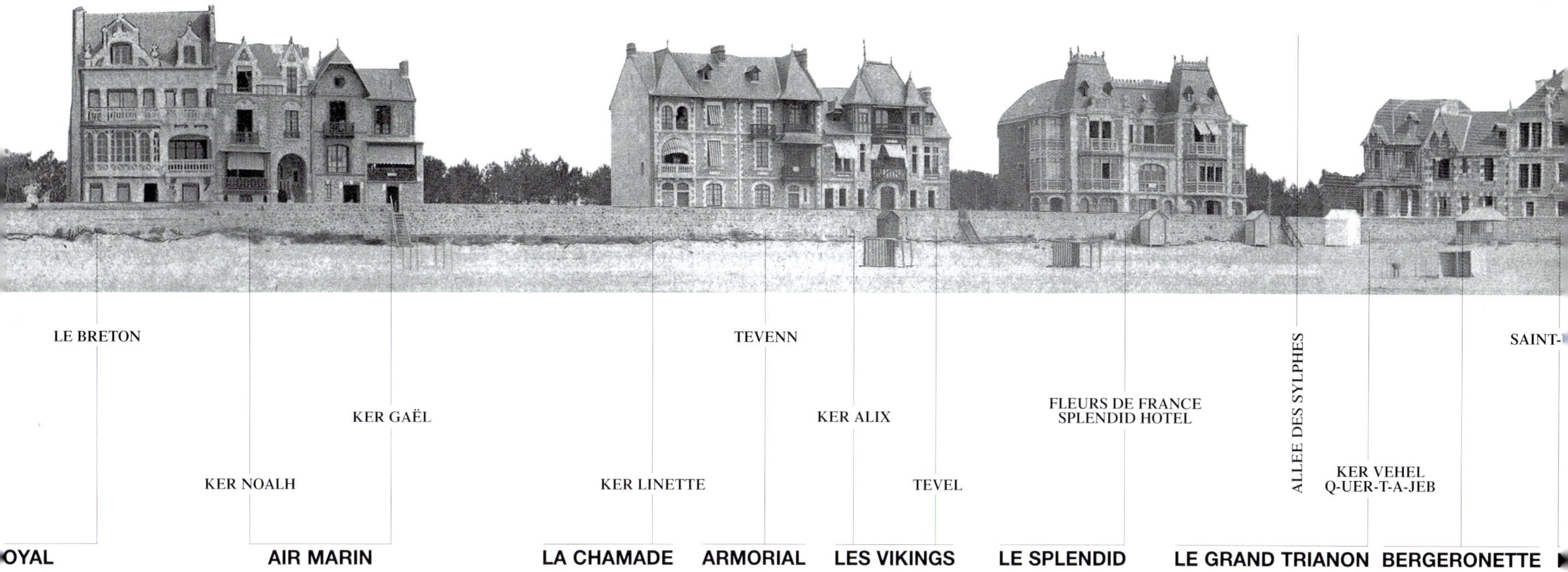

LE BRETON
TEVENN
SAINT-
KER GAËL
KER ALIX
FLEURS DE FRANCE
SPLENDID HOTEL
ALLEE DES SYLPHES
KER NOALH
KER LINETTE
TEVEL
KER VEHEL
Q-UER-T-A-JEB

OYAL **AIR MARIN** **LA CHAMADE** **ARMORIAL** **LES VIKINGS** **LE SPLENDID** **LE GRAND TRIANON** **BERGERONETTE**

EN JUIN ET JUILLET 1899

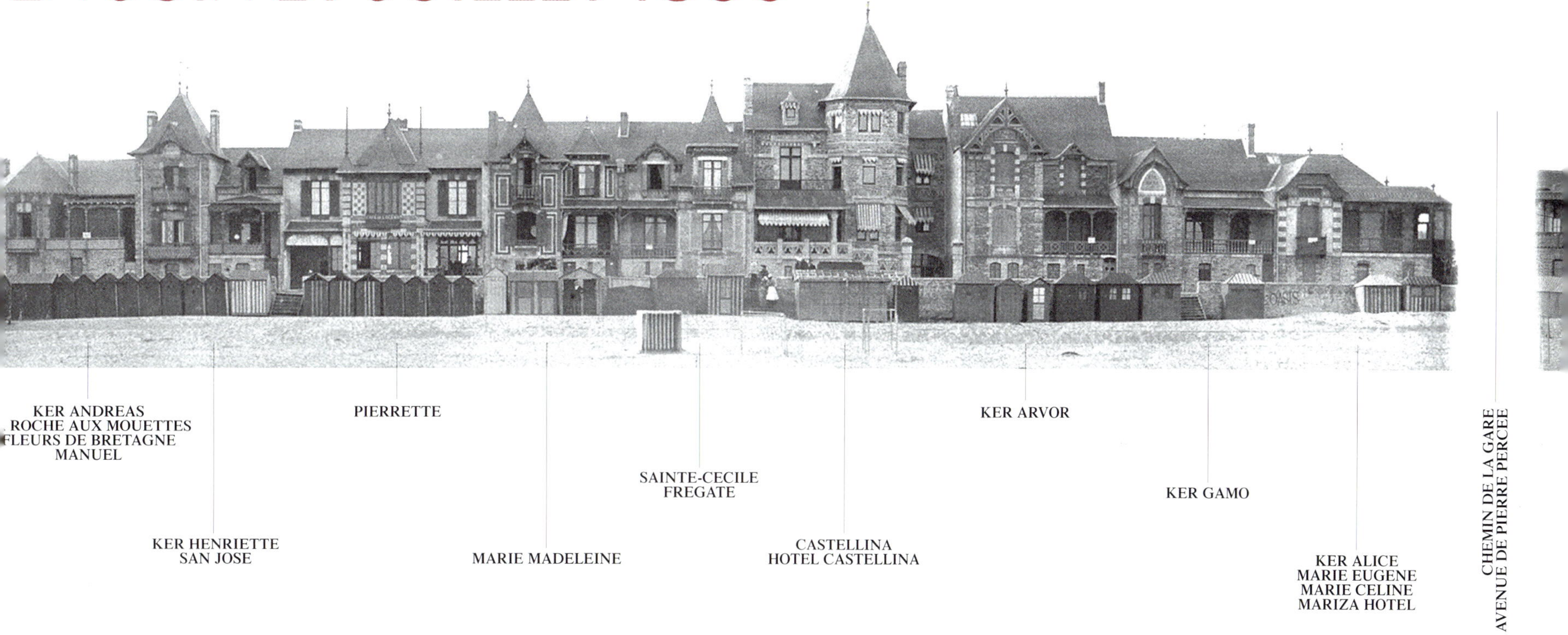

KER ANDREAS
ROCHE AUX MOUETTES
FLEURS DE BRETAGNE
MANUEL
PIERRETTE
KER ARVOR
SAINTE-CECILE
FREGATE
KER GAMO
CHEMIN DE LA GARE
AVENUE DE PIERRE PERCEE
KER HENRIETTE
SAN JOSE
MARIE MADELEINE
CASTELLINA
HOTEL CASTELLINA
KER ALICE
MARIE EUGENE
MARIE CELINE
MARIZA HOTEL

Ingénieur de l'Ecole Centrale, villégiateur baulois vers 1886 et résident secondaire depuis 1890. Les noms et les indications sont tirés de "Panoramas 1960-1990" Le Pouliguen, La Baule, Pornichet (www.panorama-labaule.com).

LE CONCEPT BALNÉAIRE

« Le rêve de l'homme, c'est d'habiter dans la nature »
Jean Balladur, architecte.

L'ARCHITECTURE

Le terme architecture se rapporte à toutes constructions érigées par l'homme. Et il est courant de subdiviser ce terme entre architecture publique (financée par la société) et architecture privée (financée par un particulier). La lecture de l'architecture, proposée ici, va plutôt distinguer deux fonctions. La première protège l'être humain dans son habitat (architecture individuelle). La seconde sert de support de représentation sociale pour un groupe d'individus (architecture institutionnelle).

Société agglomérée

Afin de vivre plus aisément et de se protéger mutuellement, les individus se rassemblent dans un site géographique comportant une source de vie (l'eau) et un carrefour de communication (confluent de rivières ou croisement de routes) pour développer leur commerce. Cette association d'individus est régie par des lois et des conventions et forme alors une société. Celle-ci s'organise dans des villes (ou cités) où s'agglomèrent, de manière ordonnée, bâtis et voiries minérales repoussant, au fur et à mesure de l'expansion, la nature végétale vaste, sauvage et tant désordonnée. L'administration de toute cette société est dévolue à des institutions qui gèrent tant les individus que leur territoire. Et c'est la fierté d'une société que de porter à la connaissance de tous la valeur de ses règles et la force de ses inventions au travers de ses institutions. Comme l'indique le sociologue Gabriel Moser, l'homme magnifie alors dans l'architecture la puissance de son génie par la technique constructive et par les ordres décoratifs ou dans son urbanisme par l'organisation spatiale et la voirie.

Beaux-Arts

Les Beaux-Arts, (peinture, gravure, sculpture et architecture), sont utilisés pour traduire visuellement ce génie dominant et contrôlant la nature écartée. Dans chacune des disciplines, la matière brute est travaillée manuellement par des artistes qui souhaitent transmettre leurs idées au plus grand nombre. Le travail de peinture et de gravure est réalisé en deux dimensions et sculpture et architecture sont modelées en trois dimensions. Mais peinture et architecture s'élaborent par ajout et mélange de matière sur un support alors que gravure et sculpture apparaissent par éviction et suppression partielle de matière. La vision de ces Beaux-Arts (en tant qu'arts nobles) provoque chez l'homme des réactions émotionnelles. Ils comportent donc des stimuli psychologiques et philosophiques. Le psychanalyste Daniel Winnicot a défini chaque création (artistique ou non), et ce, dès la prime enfance comme un objet transitionnel entre un manque frustrant et un idéal rêvé. Le don d'un artiste consiste à doser avec précision l'apport ou le retrait de la matière pour représenter cette sorte de rêve surgissant de son esprit au travers d'une écriture qui lui est propre. L'objet créé est comme une fenêtre ouverte offrant une transition sur un monde sensé être de meilleure qualité. Vivre cette qualité engendre alors l'émotion.

Architecture

L'architecture, longtemps appelée *Mère des Arts*, est le seul des Beaux-Arts à qui l'homme se confie totalement en y pénétrant pour se prémunir de l'extérieur. Pour l'architecte Jean Balladur : « C'est l'Art qui donne sa forme au monde habité et vécu par les hommes. C'est donc l'Art proprement existentiel, beaucoup plus que la poésie, la sculpture, la peinture ou la musique ». Mélange d'objectivité et de subjectivité, cette discipline est soumise à la gravitation (phénomène physique) mais aussi à l'harmonie (phénomène esthétique). Elle nécessite d'une part une connaissance scientifique de la matière et de la descente de charges qui régit l'équilibre d'un bâtiment (rôle de l'ingénieur) et d'autre part un don artistique, une intuition empirique des proportions et des formes, des matières et des couleurs qui plaise à autrui (rôle de l'artiste). Ainsi, l'architecture, quelle que soit la taille de l'œuvre, est la projection matérielle de l'état d'esprit du commanditaire suivant un grand éventail de paramètres comme le budget, le programme, le climat, le sol, le voisinage, les vues, les matériaux, la culture, la technique, les modes, styles ou règlements *et cætera*. Et sa matière première n'est ni le bois ni la pierre mais la lumière solaire. Impalpable !

Architecte

Cette bivalence (artiste - ingénieur) est le propre de l'architecte. Sur un chantier, il est le « chef des ouvriers » (du grec : *archi tektôn*). Il commande et dirige la concrétion de sa conception, fruit de sa réflexion sur les envies et rêves de son client. Outre des réponses matérielles aux besoins physiques de protection de l'être et des biens, l'architecte apporte, souvent inconsciemment, des solutions psychologiques et philosophiques en fonction du désir du futur propriétaire de paraître en société pour y afficher sa bonne fortune à travers le temps et ceci, sans dégradation. C'est tout l'art de l'architecte, synthétisant toutes les données du programme et de l'environnement, que d'inscrire son œuvre dans la quatrième dimension.

LE BALNÉAIRE

Pour analyser et différencier en ce début de millénaire, l'architecture individuelle de villégiature, dite balnéaire, de l'architecture collective urbaine, dite financière, il est souhaitable de s'intéresser dans un premier temps, puisque l'architecture est la projection matérielle d'un état d'esprit, aux personnages qui ont créé cet esprit balnéaire, à leur mode de vie psychologique et philosophique lors de leur migration solaire sur les côtes, plutôt qu'aux différents styles décoratifs dont cette architecture balnéaire regorge.

Mouvement balnéaire

Pour le journaliste Anthony Hern, le balnéaire démarra à Scarborough (Angleterre) en 1735. Puis en 1750, à la demande de Lord Newcastle, le docteur Russel découvrit que la présence du sel de mer préservait les habitants du littoral des sévices de la phtisie (tuberculose). Par souci curatif, l'aristocratie se précipita en villégiature sur les côtes anglaises pour se prémunir des miasmes urbains. Pendant la Révolution, un aristocrate anglais fut arrêté au Croisic où il était venu prendre les bains de mer. En 1810, les émigrés hébergés outre-Manche rapportèrent en France, dans une anglomanie galopante, certains us et coutumes dont, entre autres, les bains à la belle saison. En 1820, Dieppe, face à l'Angleterre, acquit la réputation du tout premier centre balnéaire de France. Concilier santé et loisirs d'été devint très à la mode.

Cure marine

Vers 1860 sur le littoral de « Loire inférieure » (Loire-Atlantique), la réputation balnéaire du Croisic passa à l'échelon européen avec le nouvel établissement à l'Ouest de la jetée du Tréhic. Il comportait un casino, un accès sur la mer (la jetée de 800 m), des agrès, un plongeoir, des douches écossaises, russes, verticales, horizontales, chaudes, froides... des bains à la lame, bains suédois, hammam, mais surtout ses traitements aux Eaux-Mères (eaux résiduelles après la récolte du sel dans les marais). Au milieu du XIXe siècle, tout comme l'hydrothérapie thermale, la médecine tenta de réglementer cette « hydrothérapie marine » qui, vers 1890, fut qualifiée, de thalassothérapie (le *soin par la mer* en grec) terme plus mondain. Vers 1900 dans l'indispensable guide du baigneur de la côte, les médecins parisiens vantaient tant et plus, les prodigieux mérites combinés « des senteurs iodées de l'Océan et des effluves balsamiques des pins » dans le « Bois d'Amour » (futur La Baule-les-Pins 20 ans plus tard) entre Pornichet et La Baule-sur-Mer. Puis le mouvement balnéaire perdit son statut de traitement curatif au début des années 1910 pour celui de préventif durant les années folles. Et déjà en 1911, le docteur Moreau-Desfarges ouvrait aux tous petits le *Stade de l'Océan*, premier club du littoral français au milieu de la plage d'Escoublac-La Baule.

Energie et métamorphose

Depuis la médecine reconnaît scientifiquement les vertus purifiantes de cette nature auxquels le baigneur expose sa peau (2 m^2/adulte). La lumière solaire est un antidépresseur et le soleil favorise la synthèse de la vitamine D fortifiant les os ; le vent du large apporte un air vivifiant plein d'oxygène ionisé ; la mer regorge d'oligo-éléments revigorants et son sel guérit de la tuberculose ; le sable accumule puis restitue l'énergie solaire. *Sous le soleil exactement... juste en dessous* chantait Gainsbourg. Ainsi, par un contact direct de son corps quasi nu, l'homme recouvre son tonus, telle une plante végétale, avec l'Eau, la Terre, l'Air et le Feu. Le rituel balnéaire, véritable « métamorphose » avec les quatre Eléments, se déroule en deux temps. En site urbain, le citadin dépense beaucoup d'énergie pour amasser fortune et termine l'hiver fourbu par son travail et anémié par les miasmes urbains. A la belle saison, il opère une migration solaire lors d'une « vacance » (temps vide de labeur) et dépense, sur le littoral, un peu de son pécule pour recouvrer son énergie physique et regonfler ses batteries biologiques. Il est de nouveau prêt pour une nouvelle saison hivernale. Le chiffre d'affaires des tours-opérateurs vendant des séjours tropicaux sur des « plages paradisiaques » ou même celui d'« instituts » de thalassothérapie proposant des week-end « toniques » en bord de mer est là pour confirmer cette métamorphose. Le succès de ce tourisme côtier à travers le monde est tel qu'il est dénommé l'Or Bleu tant il répond à ce besoin, pour l'homme, de retrouver son corps et d'aimer la vie.

L'ÊTRE HUMAIN

Extase solaire

A la fin du XIXe siècle, certains papis grincheux fustigeaient dans la presse estivale ces jeunes naïades sortant de l'eau sans pudeur avec leur maillot mouillé magnifiant leur modénature. Horreur et putréfaction ! Ne pouvaient-elles au moins se vêtir de peignoir, plutôt que d'étaler tous leurs attraits sous les yeux de l'innocente jeunesse ? Pourtant à la même époque et devant la bonne société tout entière, façades et monuments urbains étaient gorgés de seins galbés et de muscles bandés. Ils signifiaient, de manière « artistique » mais aussi institutionnelle, la générosité et l'ingéniosité d'une collectivité cultivant la terre et domptant la matière. Sur les plages de nos jours, la force de vie n'est plus fêtée dans des allégories agricoles ou industrielles calées dans la pierre et moulées dans le métal mais par la chair vivante en costume d'huile solaire. Initié au début des années 20 avec la mode du rayon ultraviolet lancée par Coco Chanel, cet érotisme collectif des corps alanguis sur le sable érige le physique radieux du plus beau hâle en symbole du paraître et de la réussite sociale : *Sea, Sex and Sun* susurrait le grand Serge.

Bulle psychique

Mais le corps physique de l'homme n'est pas sa seule identité. L'activité de l'esprit est une marque propre à chacun. L'ensemble de ces deux états, formant le personnage, ne se limite pas à la seule frontière de l'épiderme, mais existe au-delà, dans une « bulle psychique » élaborée par le sociologue Edward Hall. Cette sphère invisible a pour rayon une « distance de survie » qui permet à l'homme, suivant sa culture et sa personnalité, de garder ses distances vis-à-vis de contraintes extérieures qui le perturbent. Plus ces stimuli sont proches et persistants (pollutions olfactives, sonores, pressions physiques...) plus sa bulle va se comprimer et rétrécir. L'homme ressent alors un stress. Sa réaction peut être soit positive : il puise dans ces ressources et tente de se dégager de cet embarras, soit négative : l'oppression étant trop forte, sa bulle éclate et il tombe alors en dépression.

L'ARCHITECTURE URBAINE

Axis Mundi

Au sein d'une cité, l'architecture urbaine réunit des bâtiments de diverses natures abritant tant des individus et leurs commerces que des institutions et leurs pouvoirs (religieux, monarchique, militaire, juridique, parlementaire...). En premier lieu, l'architecture religieuse (du latin *religere* : relier) est construite suivant un axe vertical, à l'intersection de deux plans de symétrie, autour duquel s'organise tout le bâtiment. Pour l'anthropologue Mircea Eliade, cet axe vertical symbolise l'*Axis Mundi*, le long duquel Terre et Ciel s'unissent et qui relie ainsi l'humain faible de sa condition terrestre au divin fort de son pouvoir céleste. Le philosophe Martin Heidegger nomme cette distance terre-ciel la *Mesure* avec laquelle l'homme réalise la différence d'échelle entre lui et sa divinité. Tout temple est un espace sacré « coupé » du commun impur car relié au divin en tant que projection de ce dernier sur terre. Par l'étude mathématique et religieuse du Ciel et du Cosmos, siège divin, l'homme en a tiré nombres et proportions grâce auxquels il a calculé et modulé les formes et les volumes de son architecture sacrée. Ces proportions déterminent espaces, ouvertures et ordres décoratifs. D'un continent à l'autre, sur les monuments, l'architecte en chef des Monuments historiques Georges Jouven a retrouvé et détaillé ces nombres.

Symétrie et pouvoir

En Europe, par mimétisme culturel, surtout aux XVIIIe et XIXe siècles, l'architecture des instances du pouvoir et autres institutions sociales reprend, comme symbole de puissance, cette symétrie verticale alliée, ornée et décorée de pierres taillées suivant des *ordres* grecs et romains obéissant à des proportions savamment calculées. Ces ordres se déclinent en balustres, pilastres, colonnes, corniches, moulures, fronton... Quant aux citadins, (aristocrates, notables, commerçants...) leur architecture individuelle copie cette architecture institutionnelle avec plus ou moins de force pour mieux paraître en société. Au XVIIIe siècle, les lignes élégantes des proportions architecturales en site urbain dominent les façades. Mais à la fin du XIXe siècle le kitsch fait chic et l'ostentation opulente d'une décoration redondante affiche en pleine rue la puissance financière et sociale des propriétaires. Hormis l'abri protégeant l'intimité, cette architecture symétrique, souvent massive, n'a qu'un but : être contemplée comme œuvre du génie humain. Sur un plan symbolique, il y a un désir d'élévation mais, sur un plan social, c'est avant tout l'Ego du propriétaire qui est flatté.

L'ARCHITECTURE BALNÉAIRE

Evasion urbaine

Dans cette ambiance urbaine pleinement minérale, les conventions sociales, le paraître de l'étiquette, le rang à tenir, le travail à fournir, la famille à nourrir, la tuberculose à éviter... déclenchent des stress oppressants et l'homme dépense moult énergie pour s'en défendre. Au XVIIIe siècle, pour se détendre, nombres d'aristocrates rejoignaient dans la nature environnante leur *campagne* ou leur *folie* (dérivée du latin *folia* : la feuille -nature-). Au début du XIXe siècle à Nantes, la villégiature s'installe au Nord sur les bords de l'Erdre où au Sud à Clisson et sa campagne italienne. En France au milieu du XIXe siècle, ce phénomène d'évasion est similaire dans les villes d'eaux ou en périphérie urbaine. Un siècle plus tard, la villégiature balnéaire est ancrée dans les mœurs nantaises. L'arrivée à Nantes en 1854 du chemin de fer, puis à Saint-Nazaire en 1857 et enfin au Croisic en 1879 va bouleverser la physionomie du paysage de la Presqu'île guérandaise. Alors que les Parisiens logent chez l'habitant, quelques villas de Nantais et d'Angevins apparaissent vers 1845 au Pouliguen et à Pornichet. Mais le premier lotissement de villégiature est créé sur la grande plage d'Escoublac au lieu-dit *La Baule* lors de l'inauguration de la ligne de chemin de fer. Malgré les premières constructions symétriques à la modénature néoclassique agrémentées de quelques bois découpés (lambrequins sous toitures, garde-corps de balcon) cette architecture au bord de la mer va ensuite fortement s'inspirer, au début du XXe siècle, des fermes de campagne. Car, dans l'imaginaire de l'être urbain fourbu, c'est là qu'on y court, rit et flâne au soleil sans chapeau ni cravate.

Etymologie rurale

Entre 1880 et 1940, l'étymologie de l'architecture individuelle de villégiature le long du littoral corrobore cette atmosphère rurale souhaitée par les citadins sortants d'un site urbain stressant.

Bungalow : mot anglo-indien, (*Banga* en Indi signifiant abri avec véranda pare-soleil et *Low* en anglais : bas) désignant aux Indes une légère maison de campagne sans étage. Très rare mais présent à La Baule.

Chalet : premier terme utilisé sur le littoral, il est tiré du suisse romand *cala* pour abri dans la montagne ; construction où le bois domine tant en structure qu'en décor.

Cottage : maison à pan de bois et toit de chaume du paysan anglo-saxon. Tiré du vieux français *Cot* et lui-même du germanique *Kot* désignant le paysan (coterie).

Etche : en pays basque, maison dans le village ou la montagne.

Ker : hameau breton. Il évoque l'habitation et signifie « chez » quelqu'un. La maison se dit *Ti* et l'hôtel de ville *Ti Ker*.

Mas : mot provençal dérivé de masure (demeure, latin *manere*) et signifiant ferme (il n'est aucune « bastide » ni « cabanon » sur la Côte d'Amour).

Villa : de l'italien *Villeggiature* signifiant aller faire un tour à la campagne. Il désigne une construction (avec décor néoclassique : balustre, colonnes, pilastres...) dans la campagne ou sur le littoral méditerranéen. Depuis 1920, il est « le » terme générique et systématique sans souci du style architectural : villa « Etche Gorria » (nom basque), villa « Ker Rozen » (nom breton) ou villa « Mouraïma » (nom mauresque - colonial).

Dissymétrie rationaliste

De 1880 à 1910 environ ces bâtisses individuelles au bord de la mer sont titrées *chalet* ou *ker* et s'inspirent de l'aspect formel des bâtisses du Moyen Âge. Sous la toiture, le pan de bois sensé structurer l'étage est très souvent plaqué au mur. Et les murs du rez-de-chaussée sont appareillés en moellons de granit grossièrement équarris. Ces villas possèdent pratiquement toutes un pignon principal en avant-corps auquel est accolée une seule aile en retour hiérarchiquement placé en arrière. Puis entre les deux guerres, toutes ces villas ont leurs noms tirés des régions du littoral français (sauf bungalow et chalet) et prennent modèle, dans leurs formes, sur les fermes rurales avec la dissymétrie des différents bâtis nécessaires à l'exploitation, évoluant avec les besoins, disposés et conçus avec économie, sans trop d'ostentation. L'aspect altier du château d'apparat à la symétrie savamment calculée est quasi exclu dans cette architecture de notables à la campagne sauf et seulement pour le lotisseur, maitre du lieu et spéculateur foncier.

Décor rural

Mais si une villa (outil de *farniente*) imite, par son aspect, une ferme (outil de production) elle marque sa différence par l'emploi d'une décoration florale sur ses façades et dans son jardin. Au début du XXe siècle, la jardinière est systématiquement placée au balcon et sous l'appui de fenêtre et les villas sont parées de motifs floraux inclus dans des faïences multicolores, lambrequins en bois, épis de toiture en zinc ou terre cuite... La villa se pare de fleurs (végétal décoratif) alors que la ferme cultive fruits et graines (végétal nutritif). Cet imaginaire architectural campagnard s'exprime aussi dans les faux pans de bois (en béton) marquant les façades régionalistes tant bretonnes, qu'anglo-normandes, hollandaises ou basques (et même alsaciennes) ; mais aussi par les boulins entre les « colombages » de bois laissant croire à un pigeonnier sous les combles et dont les niches triangulaires ou carrées servent, non pas d'entrée, pour les pigeons mais de ventilation de toiture quand elles ne sont pas bouchées.

Villas de filles, villas de fleurs

En 1897, l'écrivain Gustave Coquiot promène son œil sur les villas dans la banlieue proche de Paris et sa vision pleine d'humour donne le ton de cette architecture extra-urbaine qu'il nomme « villas de filles ». Il s'amuse de la folle floraison des balcons et des jardins mais aussi ces pastiches d'architectes qui rendent les villas hilarantes. « On ne veut pas voir que fut en partie réalisé par eux, édifié en matériaux, le dessin comique des Grandville et des Robida ». La mode du Parisien est à la campagne, alors : « gaie ribambelle de villas parées... Les décors élus à la mer se retrouvent en ces cases ». Ces villas de filles aux volets mi-clos somnolent « alors que le soleil met au four la villa pâtisserie », à « l'heure des midis souverains ... dans le feu d'artifice des géraniums-bouquets et des lis-fusées ». Toutes ces villas sont un avant-goût des chalets de Trouville et de Deauville et il égrène les différents styles à la mode : « ces pastiches de la Hellade, de Pompeï,... des cottages d'Eastbourne,... des maisons de Lisieux, des maisons du temps d'Elisabeth, des cubes roses de la baie de Naples ». Mais pour Hubert Krains, en 1905, ces plagiats de styles « que les parvenus en mal de villégiature se font construire » sont ridicules car déracinés. « Des sots leur ont dit que le chalet suisse et la villa italienne sont le complément idéal de la belle nature, et ils le croient ». Le vrai chalet dans un bourg de montagne donne la pleine mesure de la vie débordante en empruntant une parure fournie par la nature : « en été, les œillets, les fuchsias, les géraniums et les roses font jaillir de ses parois des gerbes de couleurs vives ».

La fleur, symbole vital

Dans cette campagne balnéaire dédiée aux soins du corps et à la forme physique, le décor porté sur les villas est à 80 % naturel et floral. L'hommage n'est pas ici tourné vers l'homme dominateur mais vers la nature source de vie. Et sur la Côte d'Amour, les hommes et les femmes dévêtus sur les façades des villas sont quasi inexistants. Au bord de la mer, ce n'est pas l'humain fort et génial qui est fêté par un corps musclé comme en ville, mais c'est la Vie (phénomène énergétique) symbolisé par le végétal coloré. Et les rares statues figuratives représentent la Vierge Marie et de saints personnages, protecteurs des curistes (saint Cosme, saint Damien, saint Expédit, saint Yves, saint Nicolas...).

Etymologie du bâti urbain

Dans l'urbanisme de stations balnéaires, l'architecture institutionnelle qui reçoit ou héberge du public est désignée en ces termes.

Castel : est parfois utilisé pour de fortes villas en granit (château, latin *castellum*). Vers 1903 au Croisic, le père de l'architecte Pol Abraham réalisa pour son fils, né à Nantes, la villa *Le Castouillet* (petit château douillet !). Sur la côte en ce début de XXIe siècle, ce terme est souvent employé pour augmenter le prestige d'un collectif maquillé balnéaire.

Château : (latin *castellum*), habitation du maître d'un territoire. Au Moyen Âge, il est dit château fort car bastion défensif et à la Renaissance, il devient lieu d'apparat. A La Baule, c'est la demeure des lotisseurs : château Pavie, château Darlu.

Hôtel : (latin *hospitale*) bâti recevant des visiteurs. Dans un hôtel de voyageurs l'étranger est propriétaire d'une chambre pour quelques nuits. En ville au XVIIIe siècle, l'hôtel particulier signifie opulence et luxe car le propriétaire possède à lui seul de très nombreuses pièces. Enfin, pour loger les touristes sur la Côte d'Amour, on a construit de nobles hôtels - *des Princes* (à Pornichet), - *Royal*, - *Impérial* (le *Bellevue Building*), - *Majestic*, - *L'Hermitage*.

Maison : Ce mot, tiré du verbe latin *manere* pour demeurer, désigne tout bâtiment servant d'habitation. Jusqu'à la Révolution, maison de campagne désigne, plutôt que château, la demeure cossue d'un aristocrate à la campagne. Avant le Révolution, *Kerfur*, *Careil* et *Mérionnec* sont ainsi nommées à Guérande dans un rapport de la Marine. Au XIXe siècle, la « maison de rapport » (financier) est une construction, en site urbain, empli d'appartements locatifs.

Palace : utilisé en Angleterre depuis le milieu du XIXe siècle pour désigner un hôtel de luxe, il est tiré du latin *palatium* et donne en français palais (demeure de grands personnages ou d'assemblées représentatives). Dans les années 1910, il y eut un projet d'hôtel nommé *La Baule Palace*.

Pavillon : tente du général romain en campagne et ornée de ses symboles. Au XIXe siècle : habitation dans la campagne. Au XXe siècle, un pavillon de banlieue désigne une habitation en périphérie urbaine mais en contact avec la nature. A La Baule, ce terme est utilisé cinq fois de façon institutionnelle : - *Bleu*, - *des Dunes*, - *des Fleurs*, - *Oriental*, - *Rose*. En urbanisme, une aire de maisons individuelles est une zone pavillonnaire en référence à la périphérie urbaine.

Résidence : habitation permanente parfois différente du domicile légal. Une résidence secondaire est utilisée moins de six mois de l'année. Le terme *résidence de standing* augmente le prestige foncier d'immeubles à appartements.

Sur le littoral, hormis le castel, en tant que villa, tous ces termes ont en commun cette symétrie si courante dans le monde urbain. Et l'architecture des services publics : gare, poste, police, mairie, école, marché... n'échappe pas à cette règle illustrant la puissance de chacune des institutions.

Styles architecturaux

Les appellations (villa, chalet, ker...) de cette architecture individuelle de villégiature sur le littoral, évoquent le style architectural des campagnes côtières françaises. Et cette architecture balnéaire, de par sa géographie, possède-t-elle vraiment son propre style balnéaire ? En effet, un style architectural est à la fois un marqueur chronologique datant un bâti suivant sa facture décorative. Mais c'est aussi un vecteur d'imaginaire traduisant la volonté d'évolution sociale du propriétaire en phase avec la mode du moment. Dans un site balnéaire, monde particulièrement végétal, le style concrétise ce rêve d'évasion hors du monde minéral et urbain. Dans l'histoire architecturale de la Presqu'île guérandaise, la mode passe, à la fin du XIXe siècle, des styles nationalistes (médiéval, ottoman, méditerranéen...) parfois mâtinés d'Art nouveau (floral courbe) aux styles régionalistes du début du XXe siècle (anglo-normand, basque, breton, provençal...) et autres styles de voyages (colonial, paquebot, mauresque...) teintés de temps à autre d'Art déco (floral cubique).

Style balnéaire ?

Alors, existe-t-il un « style balnéaire » sur ce littoral breton ? Et le style breton est-il plus balnéaire qu'un style basque ou hollandais ? Est-ce qu'une gare, à l'architecture bretonne au fin fond de l'*Argoat* (la forêt bretonne), est balnéaire puisque de style breton ? A la charnière des deux millénaires, après les évocations nationaliste et régionaliste, la volonté politique d'identité territoriale est tombée dans le « municipalisme ». Ainsi à La Baule, le *style balnéaire baulois* a officiellement été inventé, mais sans aucun descriptif architectural. Mieux, des *villas urbaines* (quel oxymoron !) sont nées dans l'avenue principale pour désigner des commerces avec appartements à l'étage. Faut-il voir en ces termes un leurre politico-patrimonial destiné à dissimuler l'urbanisation densifiée de cette station balnéaire aérée en camouflant au XXIe siècle des immeubles (symétriques) en villas (dissymétriques) par un seul style architectural issu du Moyen Age ? N'y a-t-il pas du Mickey à la mer ? Et que dire au Pouliguen et à Pornichet où les *mêmes* architectes à une *même* époque sur une *même* plage ont construit les *mêmes* villas pour une *même* clientèle ? Y aurait-il dans ce style baulois, une hégémonie politique sur les communes avoisinantes ?

Style archi-kitsch-rural !

Globalement, le style *archi-kitsch-rural* semble plus adéquate pour désigner l'architecture individuelle de villégiature car il rompt avant tout avec le style institutionnel néoclassique engorgeant le monde urbain. Par ailleurs, évoque-t-on un quelconque style urbain en architecture ? Style balnéaire n'est donc guère pertinent, car un style date un décor et le terme balnéaire désigne le mode de vie de la villégiature maritime. L'architecture balnéaire ne peut être réduite à la seule lecture d'un style décoratif plaqué sur les façades comme l'imaginent certains techniciens du décor, fous de faux pans de bois et fans de fenêtres à petits-bois pour ne pas déplaire à Saint Patrimoine. Ce patrimoine non décrypté est alors sacré et donc politiquement sulfureux : l'article 11 des POS insiste, de manière totalement arbitraire, sur la *parfaite intégration dans l'environnement avoisinant*. Quelle objectivité dans la réglementation ! L'identification, mais aussi l'intégration balnéaire, passe plutôt à travers un concept architectural conciliant, dans les quatre dimensions, l'abri, la nature et la mer : habitation, végétation et littoral.

LE CONCEPT BALNÉAIRE

Concept balnéaire

Dans cette architecture de villégiature, le concept balnéaire (sur le littoral) réside dans ce mode de vie rétablissant la relation entre l'homme et la nature. Une villa balnéaire, quel que soit son style, se démarque d'une maison urbaine par l'emploi d'un vaste vocabulaire architectural, sorte de double peau, permettant la transition entre le bâti protecteur et la nature vivifiante. Car en site urbain, on entre dans une maison pour se protéger totalement de l'extérieur. Or dans une villa, la pièce principale est *extra-muros*. On sort du bâti pour justement profiter pleinement de cet extérieur : la vie diurne et active (éveil) se déroule en grande partie dans le jardin-salon d'été. Ce dernier est une sorte de salle de séjour à ciel ouvert où le petit-déjeuner sous le soleil matinal, le déjeuner-sieste à l'ombre et le dîner à la belle étoile sont entrecoupés par les stages sur la plage et son heureux rituel : le bain. La villa n'est pleinement occupée que pour la phase nocturne et passive (sommeil).

Espace transitionnel

En cas de pluie ou de soleil brûlant, le repli s'organise à l'intérieur d'une maison et il est frustrant, confiné entre quatre murs, de ne pouvoir en sortir et profiter de l'ample voisinage. Le psychanalyste Daniel Winnicot titre son livre traitant de l'objet transitionnel *Jeu et Réalité* et le sous-titre l'*Espace Potentiel*. En réaction à cette réduction d'espace, les architectes (artistes) ont créé de tels objets, non pas préhensiles, mais pénétrables : des *espaces transitionnels* greffés sur les façades de la villa et reliant l'interne, protecteur mais limité, à l'externe, ouvert et déployé. En ville, dans un local-bocal (maison ou appartement) seules les fenêtres renseignent sur les faits de la rue, suivant une vision de 90° ou 110° perpendiculaire au bâti. Dans une villa, ces divers espaces permettent une observation au minimum à 180°. Au rez-de-chaussée se logent : terrasse, auvent, marquise, porche, pergola, store banne, véranda, véranda vitrée, bow-window, rotonde ; à l'étage : balcon couvert ou non, balcon terrasse, loggia, galerie, oriel, tourelle ; en toiture : belvédère, auvent de toiture... (cf. liste page 198). Le caractère balnéaire d'un bâti dépend, non pas d'un style particulier, mais seulement de l'emploi de ce vocabulaire architectural et de son rapport au jardin fleuri ou au panorama maritime.

Echappée visuelle et panorama

Le psychanalyste Pierre-Claude Racamier considérait la maison comme « l'enveloppe et l'envol » de chacun. C'est ici, dans ce « dedans-dehors », que se mesure la richesse d'une villa : la grande liberté de choix qu'offre ce vocabulaire entre ces deux états ; non pas ni l'un ni l'autre mais et l'un et l'autre. Cette liberté enclenche une osmose avec la nature. Seulement la direction est à sens unique : intérieur vers extérieur et non l'inverse. Car le villégiateur va se détendre dans ces postes d'observation ornés de fleurs et ouverts sur un extérieur vivifiant. Sa bulle psychique comprimée par le brouhaha urbain se vide de son stress lorsque ses yeux se gorgent d'espace, lorsqu'il calque sa distance de survie sur celle de son regard, s'appropriant instantanément, au plus loin de sa vision, le territoire alentour. En plein *farniente* dans cet observatoire (espace de vie entre intérieur et extérieur), il exploite psychologiquement « l'échappée visuelle » sur le jardin ou sur l'horizon maritime (du grec *horizein* : limiter, borner) que seules ses pensées franchissent ou, encore plus vaste, sur le panorama (du grec *pan orama* : toute vision) pour décompresser et agrandir sa bulle auparavant oppressée. L'architecture individuelle de la villégiature balnéaire par la qualité de son concept se révèle un puissant anti-stress urbain. Au début du XIXe siècle, le psychiatre Etienne Esquirol avait bien remarqué le calme de ses patients face à une vue dégagée. Il préconisait la conception des asiles à flanc de collines pour permettre ces échappées. A la fin du même siècle, le philosophe Georg Simmel analysait une simple porte vers l'extérieur : « ...par elle, la vie se répand hors des limites de l'être-pour-soi isolé, jusque dans l'illimité de toutes les orientations ».

La prison : compression mentale

En architecture, le luxe suprême, au-delà de l'adresse, réside dans la quantité d'espace, tant abrité qu'à ciel ouvert, qu'un homme possède et que nul ne pénètre sans son accord préalable. Pouvoir aller et venir à sa guise, déambuler dans la nature avec pour seule barrière l'horizon est vital. Il faut pouvoir imaginer le bonheur du marin solitaire qui cale sa bulle sur l'horizon sans un voisin dans son champ de vision. A l'inverse, priver l'homme de cette liberté est la contrainte que la société impose à ceux qui sont réfractaires à ses lois. Véronique Vasseur, médecin chef à La Santé, énonce la prison comme un lieu strictement minéral : « Pas un brin d'herbe, pas une plante, pas une fleur, pas un seul arbre sur quatre hectares... le regard ne peut jamais aller bien loin ». Il n'y existe aucun symbole de Vie et la bulle psychique de l'homme incarcéré ne peut ni s'ouvrir, ni s'aérer.

Japon et nature

Mais la villégiature, espace de détente liée à la nature, n'est pas l'unique apanage de l'Occident. A Kyoto, la *villa Katsura*, bâtie en son jardin entre 1620 et 1658, par l'architecte et moine zen Koburi Enshu, représente l'archétype de la ferme traditionnelle japonaise et développe cette notion écrite par l'architecte Kunio Mayekawa en 1968 : « la nature telle qu'elle a été conçue par les Occidentaux, a toujours été quelque chose qui existait en dehors des hommes, tandis que dans la nature considérée par les Orientaux, les hommes y ont toujours été inclus ». Pour un occidental, le faible décorum, le caractère sobre et non ostentatoire des matériaux dans cette demeure de rang impérial, surprennent. Au-delà du bâti, le vocabulaire architectural (véranda, galerie, auvent de toiture, baies ouvertes à 100 %...) autorise le lien homme-nature. Arrivant d'un monde chaotique, l'invité parcourt un cheminement interne et découvre dans la véranda la plénitude du jardin japonais microcosme-macrocosme. Le terme *Zen* est tiré du chinois *tch'an* qui provient du sanscrit *dhyana*. Ils signifient tous trois : méditation, contemplation.

Transcription occidentale

Lorsque les architectes occidentaux (Frank Loyd Wright, Le Corbusier, Walter Gropius, Richard Neutra, Mies van der Rohe...), découvrent au début du XXe siècle, cette villa de campagne traditionnelle, ils y voient paradoxalement l'archétype de l'architecture moderne : murs-rideaux, système poteau - poutre, trame, baies coulissantes... Cette conception modifia profondément leur manière de penser. Wright en premier s'en inspira dans son *Prairie Style*. La porte d'entrée n'est plus monumentale et centrée mais basse et désaxée : en pénétrant dans l'harmonie d'une demeure, elle incite à s'incliner par respect et humilité ; la cheminée - foyer (source de chaleur et de vie) est la seule verticale marquée (*Axis Mundi*) ; enfin les multiples ouvertures verticales juxtaposées cadrent à l'horizontale le paysage. Avec cette horizontale dominante, Wright cherchait à lier l'intérieur à l'extérieur comme pour la « Robbie House » ou la « maison sur la Cascade ». Neutra, son élève, concevait de grandes vitres coulissantes pour des villas-belvédère sur des sites panoramiques. Car son credo d'architecte était de faire pénétrer la nature dans l'architecture pour que l'homme harmonise ses fonctions biologiques. Avec des matériaux issus de l'industrie, le programme des « Maisons Etudes de Cas » (*Case Study Houses*) en Californie entre 1946 et 1960 fut très marqué par cette influence nippone. Dans la revue *Réalités* en août 1952, un article sur l'architecture contemporaine américaine se terminait ainsi : « Ce ne sont pas des demeures voluptueuses, chaudes et riches. (...) Elles sont conçues pour ne pas étouffer l'homme, pour lui rendre sa liberté et pour le rapprocher de la nature. Inondées de lumière, à peine séparées par une plaque de verre des jardins qui les entourent, ces maisons, moitié serres, moitié abris, sont extraordinairement agréables à habiter. Elles sont l'aboutissement de trois siècles de recherches et correspondent exactement au tempérament américain, qui exige pour la vie individuelle le confort, la simplification des servitudes domestiques et un contact direct et constant avec la nature ». En 1990, sur l'Ile Moustique (Antilles), le chanteur Mike Jagger s'est fait construire une villa balnéaire (ou tropicale ?) de type *Katsura*. Et le 13 février 2002, le journaliste Ian Herbert publie dans *The Independant* que le très fameux prix du *Royal Institute of British Architects* est remporté par l'agence Ushida Findlay avec un bâti qui « embrasse positivement la nature » et qui « rompt avec cette tradition de domination du paysage ».

Exemples français

En France, cette orientation vers l'extérieur et le paysage connaît quelques développements marquants. Georges-Henri Pingusson, pour *Latitude 43*, son hôtel-casino de Saint-Tropez, écrit en 1932 dans la revue *Architecture d'Aujourd'hui* que « des solariums créent entre l'intérieur et l'extérieur un volume de transition qui a divers usages : bains de soleil, siestes, petit-déjeuner, lecture,... ». Dans la station balnéaire de la Grande Motte créée par Jean Balladur, les collectifs sont pourvus de profondes loggias (3 m) entre appartements et forêt. La végétation y est omniprésente (sol et balcons). Le piéton circule en plongeant sous le couvert végétal dans un parc-jardin sans clôture entre les bâtiments bien à l'écart des voitures. Sur la Côte d'Azur, Maurice Sauzet professeur d'architecture et féru de Japon réalise des villas nippo-provençales sur le thème de la villa *Katsura*. Tout récemment l'agence Lacaton-Vassal a édifié une villa métallique sur pilotis dans une pinède. Les troncs des pins passent dans le couloir, le séjour et le balcon ! Présentant celui-ci, Anne Vassal insiste sur le phénomène de contemplation face à l'estuaire de la Gironde.

La fonction crée la forme

Soumise à une quête romantique, poussée par la conquête médicale, riche de son industrie, et profitant d'un transport rapide (le rail), la société occidentale du XIXe siècle a fait évoluer sa conception de l'architecture individuelle en réalisant pour partie l'idée de la ville à la campagne avec une architecture de villégiature. De la maison prestigieuse mais noyée parmi d'autres en site urbain, le citadin stressé s'est offert pour sa détente une villa grande ouverte sur l'extérieur avec nom, forme et décor calqués sur la campagne. Certains architectes ont intuitivement intégré le grand désir de leurs clients de s'approprier l'espace environnant en orientant leur regard vers l'extérieur. L'œuvre à contempler n'est plus celle réalisée par l'homme en tant que marque de son génie coiffant le monde terrestre et tendant vers une élévation céleste mais tout simplement la nature en tant que source de vie. Pour cette architecture de villégiature (balnéaire : proche du littoral, thermale : près des sources, tropicale : dans les îles ou pavillon de banlieue : périphérie urbaine), la symétrie s'évapore et les baies verticales qui en site urbain cadrent l'être humain dans son bâti, s'inclinent alors à l'horizontale invitant le regard à l'extérieur pour contempler le jardin et l'horizon. Le *Genius Loci* (génie du lieu) des Romains appert dans tout son éclat. A La Baule, c'est la baie.

Le lien homme - nature

Dans cette *Mère des Arts*, entre le dedans-*giron maternel* des psychologues et le dehors-énergie de *Dame Nature*, que de femmes dans cette liaison horizontale ! Serait-ce là le célèbre « charme » des villas balnéaires où l'homme reprend vie ? Cette petite architecture individuelle est le contre-pied des gratte-ciel urbains exprimant puissance et génie humains. Elle favorise le lien homme-nature et procure à celui qui y séjourne des bénéfices physique, psychologique et philosophique grâce à la richesse du vocabulaire architectural combinant protection, observation et contemplation. Si l'*Axis Mundi* d'une cathédrale ou d'un château est un hymne à la transcendance, à ce mouvement qui aspire l'être humain au-dessus de sa condition terrestre, la villa quant à elle, par son horizontalité et ses observatoires sur cette nature, que la philosophe Chris Younès considère comme un « flux d'énergie », semble une ode à l'immanence, à cette vitalité permanente, qui sourd de partout et baigne toute créature.

LA CONSOMMATION DU TERRITOIRE

La station, poumon de la ville

Dans une station balnéaire, l'urbanisme dispersé de ces villas (habitat et jardin) aérées dans les parcs lotissements offre un charme et un attrait qu'une zone urbaine densifiée ne peut produire : on y retrouve le temps de vivre. Ne peut-on admettre qu'un urbanisme de villas éparses est plus qualitatif qu'une concentration urbaine quantitative. Complément de cette dernière, l'urbanisme balnéaire doit être préservé dans son espace et son rapport à la nature car ville et station interagissent entre elles. Une station balnéaire ne doit pas être pensée et transformée par des élus « au service de la collectivité » comme une ville en devenir (moderne mais bruyante, dense et polluée) mais comme son oxygène (désuet mais calme, aéré et sain).

Monoculture architecturale

Or en France, la période de reconstruction d'après guerre a fait explosé l'urbanisme dans nombres de communes. Comme à la montagne, les stations du littoral n'ont pas échappé à cette mutation multipliant à l'excès les immeubles « modernes » qui génèrent taxes et impôts au bénéfice de la commune. Le combat du pot de terre contre le pot de fer (à béton !) pourrait être le titre de l'histoire des fronts de mer des stations à la mode où l'architecture balnéaire du début du XXe siècle est dissoute, sans embarras, par l'architecture financière de la fin du même siècle. « L'architecture est une expression de la culture » dixit la loi de 1977. Le « remblai » de La Baule et de Pornichet est, à ce titre, suffisamment éloquent (www.panorama-labaule.com). Et « les promesses électorales des politiques n'engagent que ceux qui les écoutent » : la villa *Les Tottes*, plage Benoît, a été détruite en avril 2002 ! En fait les zones pavillonnaires, aux bâtis bas et disparates, sont grignotées, le long des axes de grandes circulations, tel le jeu japonais de GO, par des immeubles urbains symétriques de « standing ». Mais il leur est demandé, au XXIe siècle !, de « faire balnéaire » en se maquillant de faux pans de bois en béton et de couverture d'ardoise, tout en y ajoutant les poncifs de l'architecture institutionnelle urbaine de « prestige » : les chaînages d'angles imitant la pierre taillée encadrent le pignon central sur lequel un oriel vitré (appelé alors *bow-window d'étage* !) renforce la sacro-sainte symétrie.

Richesse du patrimoine

Devant la destruction de ces villas, la constitution d'associations de défense du patrimoine est alors inéluctable au grand dam de certains élus qui, mus par leur « modernisme », crient au conservatisme morbide d'une « ville musée nostalgique ». Ils confondent tout simplement la construction quantitative de leurs barres qui « font balnéaires » avec la conception qualitative des villas, si désuètes soient-elles. Ils ne veulent comprendre, puisque les citadins l'acceptent en ville, cette rupture d'échelle qui provoquent l'ire de leurs administrés par une surconcentration d'habitants à l'hectare sans amélioration notable du réseau viaire. Et en été, le front de mer est embouteillé ! En réaction à cette monoculture architecturale dont le point d'orgue sont les années 1980, Biarritz au début et Dinard à la fin des années 1990, mais aussi Royan, Les Sables-d'Olonnes..., ont su calmer l'étouffante ardeur des industriels du tourisme par une zone de protection du patrimoine et par quelques villas réellement classées par l'Etat (et non pas « classées » par la seule commune : sans valeur juridique). En plus du tourisme géographique dont elles sont issues, ces communes ont élaboré et développé un tourisme culturel digne de ce nom. Tous, résidents ou touristes, bénéficient alors, pour leur commerce ou leur détente, de cette intelligence politique qui embellit l'image de marque d'une station balnéaire : la réelle mise en valeur du patrimoine sur des critères objectifs d'architecture.

« Consommation » de l'espace

Le sociologue Abraham Moles, grand ami de l'inventeur de l'« Inventaire » : André Malraux, a brillamment résumé cette consommation effrénée du territoire « dans l'intérêt général » par une maxime longue de quatre mots : « Fric, Frime, Fripe, Frite ». Un exemple parmi d'autres : à La Baule, le comte Hennecart termina la ligne de chemin de fer et, frappé par la qualité du site, créa le premier lotissement « pour ses proches et sa famille ». Puis, avec la beauté du *Genius Loci*, enfin accessible, une faune mondaine tant parisienne que nantaise ou angevine déambula dans le doux dédale des dunes... et s'y installa. Vinrent alors les boutiques à la mode afin de mieux paraître sur la plage. Et ce succès apporta le tourisme de masse et sa restauration rapide (crêpes et burgers). Car le Grand Public tient lui aussi à regarder le spectacle des stars pleines de strass.

Industrie du loisir

L'on pourrait même, de nos jours, ajouter un cinquième F car, si le premier « fric » est plutôt philanthropique, le second draine et poursuit tant la frime que la frite avec une insistance phil-en-trop-fric ! Machines à sous et architecture financière s'entassent sur l'autoroute maritime sans considération pour l'humain et la végétation, coupant ainsi les villas de la plage. Le tourisme géographique bascule en une industrie touristique où la matière première n'est plus le site dans son aspect d'origine mais le frimeur mondain et son paraître social ou le mangeur de frites à qui l'on vend le rêve concentré d'une vie sans labeur. Jusqu'à présent, dans la baie du Pouliguen, la politique de « droite » ou de « gauche » consiste à démarquer son identité de celles des communes voisines bien qu'il s'agisse de la même entité historique et géographique ! Chacun accapare et malaxe sans vergogne ni vérification les informations culturelles dont le touriste est pourtant friand. Dommage que cette non-concertation des compétences soit le fruit de clans à pensée unique ! Dans « Chroniques Patrimoniales », l'historien Jean-Michel Leniaud a fort bien relaté cette utilisation politique du patrimoine. A lire, après *La Baule et ses Villas*, pour qui ne souhaite pas bronzer idiot !

Mais dans cet ouvrage de villas publiées : bronzez ... respirez !
Vous êtes au bord de la mer.

L'ÉPOPÉE MÉDIÉVALE
1880-1914

Le mouvement balnéaire en Loire inférieure (Loire-Atlantique) démarre vers 1830 pour se répartir au Croisic, avec ses eaux mères (chargées en sel), et à Pornic avec ses eaux de sources (ferrugineuses). Au nord de la Loire, d'illustres parisiens (Balzac, de Vigny, Corot, Musset, Ingres...) logent chez l'habitant, mais aussi, dès 1845, à l'hôtel des Bains au Croisic. Les Nantais construisent alors les toutes premières villas à Pornichet et au Pouliguen. Ces villas, aux formes souvent symétriques agrémentées de décors italianisants reproduisent, à moindre échelle, l'idéal d'un petit château d'apparat. La découverte du territoire au travers des « photographies littéraires », rédigées dans un style grandiloquent, faisait frémir les bourgeois dans leurs appartements urbains. En 1830, le jeune Ernest Merson, futur grand journaliste nantais, fut profondément marqué dans sa jeunesse par le roman d'Ossian et ses aventures en plein Moyen Âge. Un demi-siècle plus tard environ après la guerre de 1870, l'esprit national, groggy par une dette colossale et le rapt de l'Alsace et de la Lorraine, se redresse avec un genre architectural évoquant le génie français. Après l'élégance du style « français à la grecque » au XVIIIe siècle, le néoclassique triomphe en ville sur l'architecture institutionnelle à la fin du XIXe siècle en malaxant avec opulence les différents ordres italiens et grecs. Mais le long de la plage de La Baule ou sur la pointe de Penchâteau, au Pouliguen, site tantôt dunaire tantôt rocheux coupé du monde urbain, l'architecture médiévale et sa dominante gothique, réveillée par l'architecte Eugène Viollet-Le-Duc à Pierrefonds ou pour Notre-Dame-de-Paris, incarne mieux un art propre à la France face à l'immensité du vide maritime. Qu'il s'agisse des vieilles maisons médiévales à ossature de pan de bois au centre des villes (Angers, Quimper, Nantes, Rennes, Vannes...) ou des manoirs bretons de la presqu'île guérandaise, les architectes s'inspirent de ces bâtisses pour concevoir une architecture individuelle et rationaliste favorisant l'évasion mentale de leurs commanditaires aux abords du littoral.

ET LÀ, LA SALLE À MANGER...

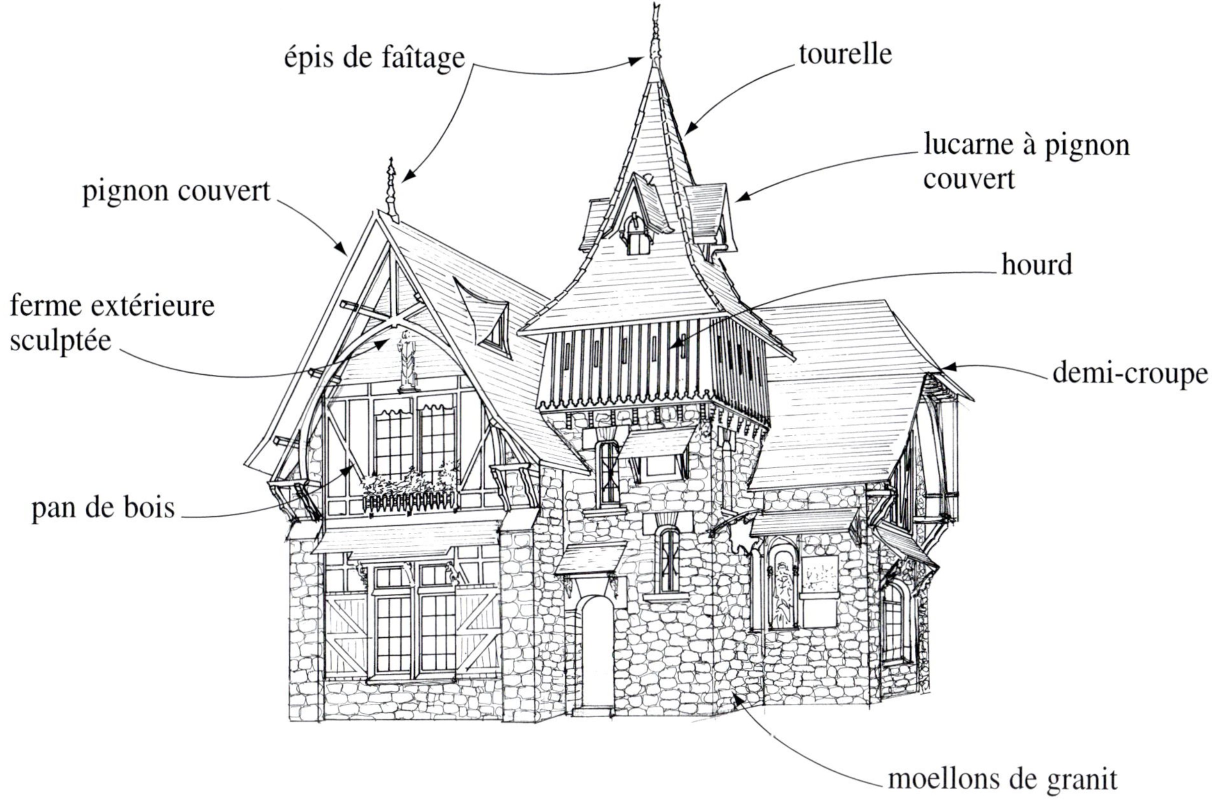

Le style médiéval

Si le manoir breton révèle une bâtisse ramassée et compacte toute de granit (voir plus loin le style breton), la maison médiévale s'identifie par un **rez-de-chaussée en moellons de granit** et par deux épais murs mitoyens encadrant une ossature à **pan de bois à l'étage**. Ce pan de bois se caractérise par un **encorbellement** sur la façade principale à chaque niveau : le mur d'étage repose au bord du plancher débordant à l'extérieur du mur inférieur. Mais cette technique de construction en bois n'existe pas seulement en Bretagne. Elle se retrouve sur d'autres côtes, tant en Normandie qu'au Pays basque, mais aussi à l'intérieur, en Alsace et dans les Alpes… Outre cet encorbellement à chaque niveau, la façade urbaine d'une maison médiévale se dresse sur la rue avec son important **pignon couvert**. La parcelle en ville étant étroite, les planchers s'étagent, la toiture à forte pente couvre le bâti et vient déborder en saillie sur le pignon. La fortune d'un propriétaire « ayant pignon sur rue » s'affiche par le décor de la charpente extérieure, avec sa **ferme débordante**, toute de bois sculpté, découpé, tourné, etc. La toiture est ornée d'**épis de faîtage** (fleurs, oiseaux, griffons...), les poutres et les angles du bâti le sont par des sculptures d'hommes ou de femmes. Pour une villa balnéaire, l'aile qui crée la dissymétrie en retour du pignon principal symbolise, comme en campagne, l'extension du bâti réalisée de façon rationaliste pour les besoins de l'exploitation, selon les moyens de l'époque. Les combles de l'aile en retour sont habitables et des **lucarnes** à pignon couvert les éclairent.

SYMBOLE (1881)

Georges Lafont, architecte

40, avenue Pierre-Percée et
40, avenue du Maréchal-Foch

En 1879, le comte Jules-Joseph Hennecart, administrateur délégué de la Compagnie de Chemin de Fer Saint-Nazaire - Le Croisic, commande à Georges Lafont, jeune architecte nantais de 32 ans, quelques villas sur le front de mer de la nouvelle station balnéaire qu'il souhaite créer entre la plage de sable fin, immense et ensoleillée, et la gare qui vient d'ouvrir (actuellement *Jardins de la Victoire*, devant la poste). En 1881, Lafont dessine sa propre villa, dont le nom, *Symbole* est, à lui seul, tout un programme. En effet, les touristes fraîchement débarqués du train (*Jardins de la Victoire*) sont ainsi invités à suivre l'exemple qui se dresse face à eux. Cette villa d'inspiration néogothique médiéval est la première planche du premier recueil (1910) consacré à l'architecture du littoral atlantique. La jeune station de La Baule-sur-Mer (elle a trente ans) représente plus du tiers de l'album. C'est dire l'importance de cette villa dans le mouvement balnéaire de l'époque, et dont le concepteur est alors membre de la prestigieuse « Société Centrale » (des architectes). La facture médiévale est accentuée, dans l'angle de la construction, avec la tour d'escalier, couverte par une toiture à forte pente coiffant un « hourd » (assemblage de planches verticales qui protègent le chemin de ronde du château fort). A l'entrée, une plaque rappelle le rôle majeur de Georges Lafont dans l'édification de la station.

KER VARY (1896)

Georges Lafont, architecte

38, esplanade François-André et
1, avenue Bouchardat

Créateur de la plupart des villas du front de mer, Georges Lafont, grand organisateur de fêtes à Nantes (le carnaval reprend des couleurs sous sa baguette), va s'amuser avec cette clientèle de Nantais, d'Angevins et de Parisiens qui viennent « goûter les plaisirs de la lame » (le bain dans les vagues). Il dessine nombre de petits castels-fortins néogothiques, à la fois semi-urbains, puisque édifiés en mitoyenneté et en limite de parcelle, (les places sont plus chères face au vide de l'Océan), et à la fois semi-balnéaires, (truffés d'espaces de transition pour le contempler). Seules quelques-unes de ses œuvres aspectent encore la mer. Il est tout de même surprenant que cet homme, courageux, discret, enjoué, dévoué pour la jeunesse, et si efficace pour créer La Baule et lui donner une si belle image architecturale, n'ait pas encore été honoré et reconnu par quelque autorité avec une avenue, un jardin public ou un bâtiment à son nom dans sa station balnéaire. Au moins, à Quimper, son théâtre est classé Monument Historique. Et Max Jacob, dans le *Terrain de Bouchabaille*, en romança la construction.

KER VARY (1896)

Georges Lafont, architecte

38, esplanade François-André et
1, avenue Bouchardat

Sur l'esplanade François-André (à l'époque boulevard des Instituts Marins), Lafont dessine la villa *Ker Vary*, qu'il agrandit d'une extension (dénommée chapelle) à l'arrière, une dizaine d'années plus tard. A l'Est de la tour d'angle, la sculpture en bois d'une Vierge à l'Enfant sous son auvent mérite un coup d'œil, ainsi que l'oriel, à l'autre bout de la façade est. La tour d'angle, avec ses mâchicoulis, est reliée par quelques créneaux au pignon découvert de la façade sud. Dans ce même esprit « château fort », Lafont réalise la villa voisine, *Les Marguerites* (à l'ouest, non visible sur la photo). La couverture de cette dernière a été tristement dénaturée par une toiture-terrasse dans les années 1960, lors de sa transformation en villa copropriété. L'appellation *Ker Vary* sonne comme un désir d'intégration bretonne et semble signifier la " Maison de Marie " avec le M devenant V après un R or Marie se dit Maria en breton et non Mary (anglais). Ne résonne-t-elle pas aussi comme *Karoly Vary* (station thermale à 100 km à l'Ouest de Prague) ?

SAINT-QUIRIAC (1906)

Georges Lafont & André Chauvet, architectes

30, boulevard Darlu
Immeuble *La Croix du Sud*

Le comte (Henri) Édouard Darlu, agent de change parisien et grand ami du comte Hennecart (et non son beau-frère, comme le racontait sa nécrologie dans la Mouette en 1923), commande en 1881 à Lafont la villa *Ker Maurice* (le prénom de son fils), qui est la première bâtisse importante (non publiée) dans le lieu-dit La Baule, sur la commune d'Escoublac. Villa d'un des lotisseurs, elle est aussitôt dénommée *Le Château*. En 1973, le pouvoir municipal la rase pour y dresser l'Hôtel de Ville.

SAINT-QUIRIAC (1906)

Georges Lafont & André Chauvet, architectes

30, boulevard Darlu
Immeuble *La Croix du Sud*

Puis en 1906, Darlu commande sur le front de mer la villa *Saint-Quiriac*, que Lafont édifie à l'Est de l'aire *non-ædificandi* de *Ker Maurice*, afin de ne pas gêner son panorama sur l'Océan. Lafont est alors associé à son élève Chauvet – jusqu'en 1910 –, avec qui il réalise *Zanetto*, *Ker Louisic*, *Pax*... et aussi le sanatorium de Pen Bron au Croisic la même année.

MASSABIELLE puis CANASTA puis SÉDUCTION (1905 ?)

Ferdinand Ménard & Emile Le Bot, architectes

33, esplanade François-André et 2, avenue Lannelongue
Immeuble *Le Californie*

En 1904, dans son atelier nantais, au fond de l'impasse de la Rosière d'Artois, Lafont a déjà dessiné 272 villas dans la presqu'île et ses environs, aidé par ses « grouillots » : Le Bot, Ménard, Dommée, Viale, Vié, Chauvet... que l'on retrouve travaillant sur la Côte vers 1905-1910. Ménard et Le Bot s'associent entre 1905 et 1914 à Nantes au 6, place Royale et à La Baule dans la villa *Aziyadé* (l'héroïne du premier roman de Pierre Loti). Ils y construisent, influencés par la touche du Patron, moult villas et dessinent *Massabielle* sur le front de mer pour le directeur des chantiers navals de Penhouët à Saint-Nazaire.

MASSABIELLE puis CANASTA puis SÉDUCTION (1905 ?)

Ferdinand Ménard & Emile Le Bot, architectes

33, esplanade François-André et 2, avenue Lannelongue
Immeuble *Le Californie*

Sur la façade Sud, le pignon découvert en avant-corps est orné d'un jeu de brique imitant la ferme extérieure d'une charpente. La tour d'angle est affublée d'un décorum néo-classique très kitsch et d'une vierge logée dans une niche à l'Est. Au rez-de-chaussée la véranda se prolonge sous cette tour, supportée par les trois piliers lourdement cerclés, armés et sculptés dans la pierre. Et pour accroître l'imaginaire de campagne, une frise florale ceinture la villa sous la toiture.

GRÉGORIA (1905 ?)

Ferdinand Ménard & Emile Le Bot, architectes

3, avenue Cornil
Immeuble *Le Cyclope*

De même, *Grégoria*, à 50 m du boulevard de mer, est aussi agrémentée d'une longue véranda agrandie côté mer par un kiosque. La façade à l'Est (avenue Cornil) est ornée d'un pignon couvert percé d'une fenêtre gémélée dans les combles. Ménard et Le Bot reproduisent ce même type de fenêtre et son balcon en bois sculpté sur une construction en site urbain, *Floréal*. Cette ancienne boutique de fleuriste, avec appartements en étage, est située à l'angle nord-ouest des avenues du Général-de-Gaulle et des Houx (le garde-corps sculpté a été remplacé par un simple barreaudage vertical).

GRÉGORIA (1905 ?)

Ferdinand Ménard & Emile Le Bot, architectes

3, avenue Cornil
Immeuble *Le Cyclope*

Des rideaux à chaque poteau de la véranda assurent éventuellement une protection contre le soleil ou la brise fraîche. Une mosaïque fleurie au nom de la villa s'insère dans le fronton en pierre sculptée, imitant ainsi une lucarne. Et des festons fleuris encadrent les baies du premier étage. Dans le quartier de l'*Hôtel Royal* (ex-sanatorium pour enfants tuberculeux et aisés), le long des avenues au nom de célèbres médecins de l'époque (Cornil, Bouchardat, Lannelongue, le Dentu) bien d'autres villas portent leur signature commune (*Margared*, *Frou-Frou*, *Les Tulipes*, *Les Jacinthes*, *Les Abellias*, *Men Hiol*, *Siebel*...).

KER OVREN puis KER AMBRE (1905 ?)

Ferdinand Ménard & Emile Le Bot, architectes

21, boulevard du Dr. René-Dubois

Sur le front de mer, à l'Ouest du parc Saint-Clair, Ménard et Le Bot dessinent la villa *Tatiana* (disparue) et sa jumelle *Ker Ovren* (anagramme des Nervo, cousins des Darlu). La structure dissymétrique d'une villa est respectée, avec un pignon couvert en avant-corps et une aile en retour dans l'angle desquels se calent un balcon-terrasse à l'étage et une large véranda au rez-de-chaussée. Sous la toiture, une frise florale encercle le bâti. Après la Première Guerre mondiale Émile Le Bot n'apparaît plus sur la côte, mais plutôt en Anjou.

KER OVREN puis KER AMBRE (1905 ?)

Ferdinand Ménard & Emile Le Bot, architectes

21, boulevard du Dr. René-Dubois

La fructueuse association d'architectes s'arrête, et Ferdinand Ménard poursuit son activité nantaise et travaille dans la station balnéaire pour le nouvel « empereur des jeux ». François (Albert) André (oncle de Lucien Barrière) vient d'acheter en 1920 la concession du casino municipal, devant l'hôtel Royal, et plutôt que d'investir lourdement dans un grand lotissement du style La Baule-les-Pins, André crée à partir de 1925 des lieux de fêtes dessinés par Ménard pour distraire (et canaliser) jour et nuit sa clientèle internationale durant son séjour estival : casino de La Baule, puis hôtel-palace *L'Hermitage* ou villa-hôtel *Castel Marie-Louise* ; les sports : « golf-club de La Baule » à Penchâteau, tennis-club et tir aux pigeons près des marais salants ; pour l'apéro ou le tea-time, tout le monde se rassemble à *Ker Causette* (buvette-potin). André construira autour du casino de nombreuses boutiques parisiennes de luxe et tentera ainsi de créer un centre en contrepoint des commerces de l'avenue de la Gare (av. Général-de-Gaulle actuellement).

TIABEL (1905 ?)

Georges Dommée, architecte

50, esplanade Benoît et 114, avenue des Lilas
Immeuble *Tiabel*

TIABEL (1905 ?)

Georges Dommée, architecte

50, esplanade Benoît et 114, avenue des Lilas
Immeuble *Tiabel*

Après sa formation nantaise dans l'atelier de la Rosière de Georges Lafont, Georges Dommée s'installe vers 1905 à Saint-Nazaire, à la fois station balnéaire et ville industrielle. Mais les villégiateurs préfèrent La Baule, loin des nuisances de l'industrie. Sur la plage Benoît, Georges Dommée réalise *Tiabel*, mélange d'influences médiévale pour la forme et classique pour le décor. C'est l'une des villas les plus kitsch de la Côte d'Amour.

Son client (un pharmacien du Mans qui fit fortune avec un sirop aux pommes) lui laisse alors carte blanche. Il en profite pour étaler sur la façade tous les attributs balnéaires qui prolongent l'intérieur d'une villa vers la mer : terrasse, galerie, balcon, loggia, véranda, bow-window, etc. Puis il l'enjolive d'un opulent décorum de balustres, de moulures, de faïences architecturales, de boiseries sculptées et d'épis de faîtage en zinc.

LA MANCELLE & LA TOURANGELLE (1905 ?)

Georges Dommée, architecte

47 et 48, esplanade Benoît
Immeubles *Lou Mas* et *La Tourangelle*

S'inspirant des habitations anglaises « à demi séparées » (half-separated houses pour maisons jumelles), Georges Dommée est l'un des premiers à proposer ce type de villas sur la Côte et y loger grandes familles et cousins. Ses clients peuvent ainsi, à moindre coût, s'imaginer vivre dans une grande demeure sans subir une promiscuité trop étrangère. Mais il pousse le détail jusqu'à rendre, au dernier niveau, les pignons des deux avant-corps dissymétriques afin d'éviter l'effet château. Les grands crabes, en céramique verte, de part et d'autres des baies du premier étage, sont encore accrochés sur le pignon du 21, allée des Ibis, près du marché.

SYLVIA & COPPÉLIA (1905 ?)

Georges Dommée, architecte

5 et 7, avenue de La Tourangelle

Les villas jumelles précédentes étaient implantées à 50 m à l'ouest de *Tiabel* et celles-ci le sont à même distance au nord. *Sylvia et Coppélia* symétriques et d'inspiration classique, avec leurs balustres et leurs moulures, comprennent deux bow-windows en avant-corps surmontés par des balcons-terrasses. Ces deux avant-corps sont reliés par une véranda dont la couverture est décorée d'ardoises de différentes couleurs. Si le corps central prime dans la forme de cette bâtisse, le décorum du fronton à aileron et du disque au-dessus des baies du premier étage ramène l'attention vers les côtés et permet ainsi d'embrasser d'un coup d'œil ce « petit château balnéaire ».

LES CLOCHETTES puis LA PALUDIÈRE (1905 ?)

Georges Dommée, architecte

43, avenue des Lilas

A l'arrière des premières villas de la plage Benoît, Georges Dommée dessine *Les Clochettes* dans un style médiéval teinté d'anglo-normand. Comme Ménard et Le Bot, ses collègues d'atelier, il ceinture les murs en moellons grossièrement appareillés d'une frise florale en ciment moulée juste sous la toiture. Sur le pignon en avant-corps, un pan de bois plaqué sur le mur est percé d'une fenêtre, elle-même soulignée par une plaque en mosaïque. Georges Dommée reprendra ce type de plaque et cette frise florale pour *Esclarmonde* en 1906, à l'angle nord-est des avenues Pavie et Hoche.

LE BOSPHORE (1895 ?)

François Aubry, architecte

54, esplanade Benoît

François Aubry, architecte paysagiste nantais, trace en 1882 le lotissement Benoît, superbement fleuri, pour Jules-Joseph Benoît, fils de Jules Benoît. Ce dernier vivait à *Ar Zonj* (« le Songe » en breton) au nord du turcis (levée de terre) devenu l'avenue de Lattre-de-Tassigny. Jules Benoît, premier maire du Pouliguen en 1854, dirigea la raffinerie de sel créée en 1826 par son père Joseph-Antoine et par Louis Lévesque, maire de Nantes (1819 à 1830). Établie tout à l'Ouest de la commune d'Escoublac, elle employait surtout des Pouliguennais. Aussi Aubry, avec son client (fils de maire), milite pour que la Plage Benoît, vaste propriété privée sur la commune d'Escoublac, soit rattachée à la commune du Pouliguen. *Le Bosphore*, vers 1895, marque l'entrée orientale de l'esplanade de Benoît, avec sa voisine *Stamboul*. Dans l'imaginaire de l'époque, Istanbul et le Bosphore évoquent bien sûr l'Empire ottoman, mais surtout les bains turco-romains (symbole d'hygiène et de santé, thème majeur des bains de mer). Hormis le nom, l'imaginaire oriental n'est donné que par l'aspect méditerranéen de la toiture, et par les arabesques de la frise en faïence. Ces deux villas sont maintenant bizarrement jointes par un pignon esseulé et ainsi rassemblées en un seul bâti, percé d'un passage central.

FLEURS DE BRETAGNE (1907)

François Aubry, architecte

117, avenue des Lilas

Mais le conseil municipal d'Escoublac refuse de céder le quartier Benoît pour laisser le Pouliguen s'agrandir, car il a déjà difficilement accordé en 1900 la scission de Pornichet-les-Pins pour l'érection de la commune de Pornichet. *Fleurs de Bretagne*, avec son haut pignon découvert, son fronton à ailerons au-dessus de la baie d'étage, ses balustres et ses moulures, arbore une certaine esthétique bretonne, par son nom, et renaissance, par son fronton et son décorum. La frise florale en verre peint a disparu. L'aile ouest a été ajoutée après la Première Guerre mondiale. Aubry dessina une même villa sur l'esplanade Benoît : *Miarka* (anciennement *Maur Yvan*).

KER CILETTE (1905)

François Aubry, architecte

115, avenue des Lilas

Ker Cilette n'a pas de style particulier. Comme ses deux sœurs (*Bosphore* et *Fleurs de Bretagne*), son plan carré présente un léger avant-corps au niveau du pignon. Sa frise en verre peint est remarquable pour ses mouettes en vol. Une certaine élégance est donnée avec cet appareillage de moellons de granit équarris dans les angles des murs. Dans ce recueil publié en 1910, les trois villas d'Aubry jouxtant l'Ouest du quartier du Casino (ou lotissement Pavie) furent donc indiquées construites au Pouliguen. *Fleurs de Bretagne* et *Ker Cilette* se dressent côte à côte, tout à l'Est de la célèbre avenue des Lilas, qu'Aubry eut la bonne idée de courber le long de la grande plage.

LA KORRIGANE (1890 ?)

François Bougoüin, architecte d.p.l.g.

26, esplanade Benoît et 58, avenue des Lilas
Immeuble *La Korrigane*

En 1873, après treize ans de villégiature à Penchâteau (à *Ker François*), François Bougoüin y dessine pour sa famille la majestueuse villa *Ker Impair*. Installé à Nantes, son activité porte surtout sur les églises du département. Ses fils Joseph et Paul en dessinent les clochers à l'agence. Très apprécié chez les notables nantais, il reçoit moult commandes de villas : presque tout Penchâteau au Pouliguen ; la *Villa Caroline* et bien d'autres dans le quartier Benoît à La Baule. Il dessine au Croisic, à Quimiac, dans le Bois de La Chaise à Noirmoutier, et restaure le château de Pornic. *La Korrigane* dans son plan, garde l'aspect d'un château avec ses deux avant-corps mais le pignon ouest plus haut, plus travaillé et plus décoré brise cet effet. S'inspirant des maisons médiévales, il dessine, au niveau des combles, un pan de bois en encorbellement couvert d'un toit en pavillon et précédé d'un balcon couvert lui aussi d'un même toit. La brique est employée dans les angles et dans les encadrements de baie pour marquer le côté économique et rustique. La grande qualité de cette villa réside dans la véranda recouverte de végétation et surmontée d'un balcon-terrasse fleuri.

LES LUTINS (1890 ?)

François Bougoüin, architecte d.p.l.g.

27, esplanade Benoît et 60, avenue des Lilas
Immeuble *Georges V*

François Bougoüin est le premier architecte à publier une villa de la presqu'île guérandaise : *Ker Maria* (d'inspiration méditerranéenne) in *le Moniteur des Architectes* (1881) et rebaptisée *Toulin* après une réhabilitation provençale vers 1960, par l'architecte Bernard Boesch. Dans le recueil, Bougoüin, Pouliguennais de cœur depuis cinquante ans, adresse dans la commune du Pouliguen ses villas *La Korrigane* et *Les Lutins*, tout comme Aubry et non à La Baule, dont dépend pourtant l'esplanade Benoît. La villa *Les Lutins* se prétend plus aristocratique, avec ses chaînages d'angles, ses corniches, ses bandeaux et ses encadrements de baies en pierre taillée. Sa véranda est moins spacieuse que *La Korrigane*, mais le balcon couvert à l'étage est plus travaillé. L'avant-corps principal, à l'est, est couvert d'un toit en pavillon dont les coyaux (pente plus faible en bas de toit) sont soutenus par des potences en bois sculpté. Le pignon à l'Ouest est seulement couvert par une demi-croupe. Bougoüin recherchera souvent, sur d'importantes villas cet effet château « presque » symétrique.

CASTELLINA (1891)

François Bougoüin, architecte d.p.l.g.

19, boulevard Hennecart
Incendiée en 1996 !

Castellina, petit manoir néogothique, n'a d'autre but que le romantisme. Et François Bougoüin s'amuse des styles en incorporant dans la décoration des iris peints sur le mur ouest de la véranda (qui sont visibles depuis l'incendie). Cette villa servit de pension de famille avec café au rez-de-chaussée surélevé. Deux ans après la construction, Bougoüin ajoute l'étage du balcon et le troisième niveau de la tour. Et pour aider ses fils dans la profession d'architecte, il leur donne la paternité des trois villas publiées dans le recueil de 1910, alors qu'en 1891 ils n'ont respectivement que 20 et 16 ans.

MARIS STELLA (1890)

Clément Josso, architecte d.p.l.g.

Plage de Port Lin. Le Croisic
Hôtel *Maris Stella*

Clément Josso est un architecte nantais installé à Paris. Connu pour avoir gagné le concours du musée des Beaux-Arts de Nantes (qui fut terminé par son confrère Lenoir), il érige la plupart des villas sur la plage de Port-Lin au Croisic. Il n'hésite pas, au gré de ses clients, à faire voisiner la *Villa du Lin*, totalement italienne, avec *Maris Stella*, franchement bretonne, qu'il publie dans une revue mensuelle d'architecture : *Monographies des Bâtiments Modernes*. « Façades très mouvementées, mais inspirant, malgré cela, par la nature des matériaux employés à leur construction (granit et chaux hydraulique) un sentiment de confiance et de sécurité absolu. » Son caractère breton est ainsi nettement marqué par l'emploi du granit sur les lucarnes à pignon découvert et dans l'appareillage des baies en plein cintre. La phrase bretonne au-dessus du portail : *Sell Gwerc'hes* signifie « Regarde Vierge ». Mais cette dernière s'est envolée de l'angle sud-est de l'avant-corps.

LES CIGALES (1910)

Jean Girette, architecte d.p.l.g.

27, boulevard du Dr. René-Dubois

Jean Girette exerce à Paris depuis plus de trente ans quand il réalise pour le pianiste Risler, ancien élève de Marmontel, la villa *Les Cigales*. En 1910, *Les Cigales* et la *Maison Basque* surprennent par leur style régionaliste basque dans cette contrée bretonne. En fait, avec ses longues dunes boisées de pins sylvestres bordant une plage étirée, ce quartier évoque les Landes. En 1906, Edmond Rostand éveilla l'imaginaire basque en devenant propriétaire, à Cambo (en plein pays basque), de la villa *Arnaga* dessinée par Albert Tournaire. Ce dernier, architecte Grand Prix de Rome, était le neveu de l'éditeur parisien Taride, pour qui il dessina vers 1882, la villa *Ker Maria*, à l'Ouest de l'actuel Casino de Pornichet.

LES CIGALES (1910)

Jean Girette, architecte d.p.l.g.

27, boulevard du Dr. René-Dubois

Dessin du soubassement de la terrasse et de l'escalier vers le jardin : la mise en scène de la vue sur mer est organisée dans l'axe de la porte du salon par un petit balcon bombé en encorbellement au-dessus des trois baies libres en plein cintre au rez-de-jardin. L'escalier de terrasse déporté à l'Est crée, avec la véranda en partie vitrée et le balcon à l'étage, une verticale atténuant ainsi le décrochement de la façade.

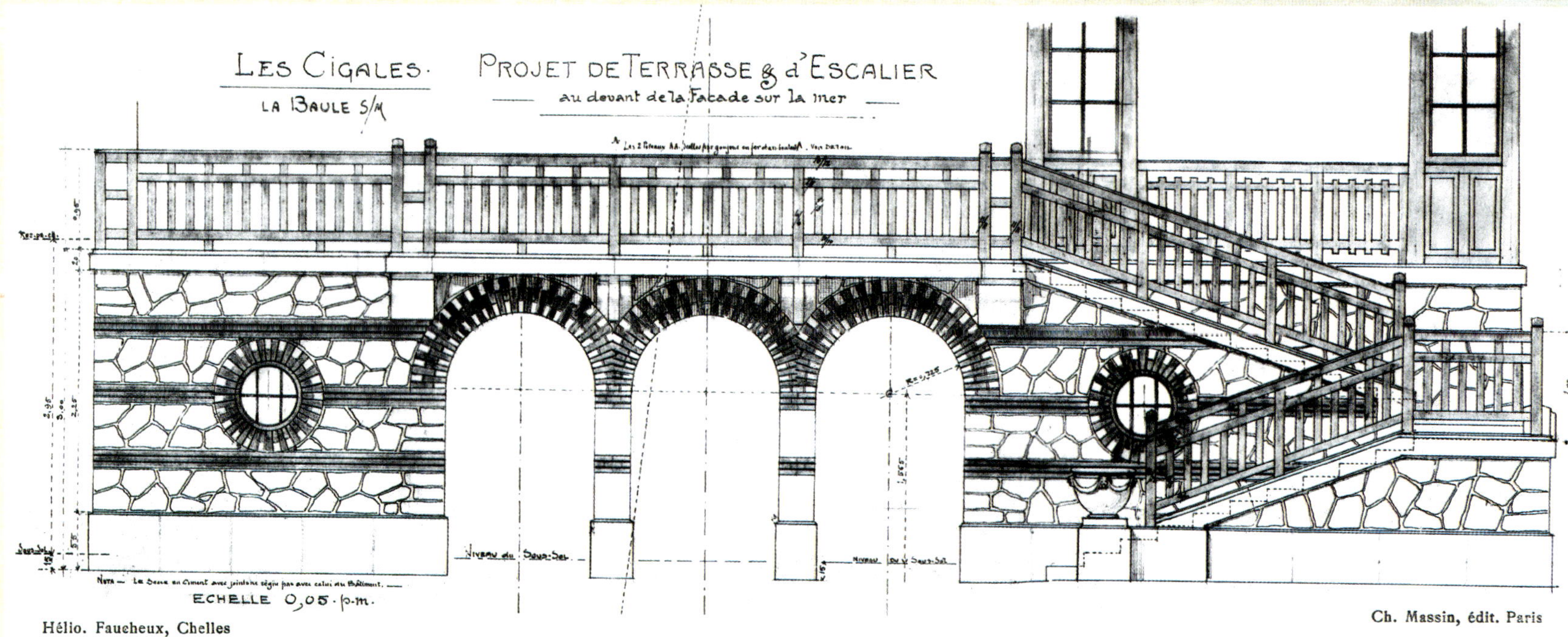

LES CIGALES (1910)

Jean Girette, architecte d.p.l.g.

27, boulevard du Dr. René-Dubois

Conçue autour d'un pignon central symétrique encadré par deux abouts de murs en encorbellement, la villa est augmentée par différents volumes à l'Est et à l'Ouest qui allongent sa toiture à deux pentes. Le premier étage est souligné par un encorbellement en béton et le niveau sous toiture, lui aussi en encorbellement, est orné d'un pan de bois plaqué. Toute la façade sud est protégée par un long débord de toiture qui forme auvent. L'oriel à pan de bois allonge la toiture vers l'Est. Pour contempler la mer, les propriétaires sortent du salon et s'installent sur la longue terrasse-balcon soutenue par un bel appareillage de moellons de granit et de bandeaux de brique. Juchée sur une dune, la villa et sa terrasse offrent ainsi une meilleure vue sur l'horizon (voir page 103 les motifs de l'architecture basque).

LA MAISON BASQUE (1910)

Jean Girette, architecte d.p.l.g.

15, boulevard du Dr. René-Dubois
Immeuble *Le Beverly*

Jean Girette apprécie la mer et son panorama. En 1900, il a dessiné les décors du paquebot *L'Atlantique* (construit à La Ciotat et exploité jusqu'en 1933). Il profite de l'idée de son client Riesler pour s'édifier une villa sur cette plage ensoleillée. Au bord du boulevard de mer *La Maison Basque* dresse un pignon principal symétrique sur lequel viennent s'adosser un appentis à l'Ouest, dans lequel loge l'escalier principal, et une entrée de service à l'Est. Le premier étage en encorbellement sur le rez-de-chaussée tout de moellons de granit est surmonté d'une structure à pan de bois sous la toiture débordante. Les baies du rez-de-chaussée et la loggia (italienne) d'étage sont en plein cintre, imitant en cela les ouvertures des maisons basques de la Basse-Navarre. Or, cette région, contrairement à celle du Labourd, comprend peu de maisons à pan de bois. L'architecte en prend donc à son aise en dessinant une bâtisse regroupant les principaux éléments du Sud-Ouest. Par ce décor et cet environnement de dunes et de pins, il s'offre ainsi la villégiature basque la plus proche de Paris sur l'Océan Atlantique !

LE RONCERAY puis GOËT puis APY (1910 ?)

Georges Vaudoyer, architecte d.p.l.g.

2, avenue Cornil et 1, avenue Pasteur

Georges Vaudoyer est le fils d'Alfred Vaudoyer, éminent architecte inscrit à la Société Centrale, et d'Adrienne Viollet-Le-Duc. Jeune diplômé en 1905, il dessine pour le comte et la comtesse de Ronceray cette villa qu'il publie aussi dans *La Vie à la Campagne* et dans l'hebdomadaire local *La Mouette*. Le compositeur Alfred Bruneau y habitera après la Première Guerre mondiale. D'inspiration basque, cette villa conjugue la pierre taillée, les moellons de granit et le pan de bois avec ferme débordante. L'étroite parcelle triangulaire amène l'architecte à concevoir une bâtisse toute en hauteur et perpendiculaire à la plage. Il aménage sur le pignon principal une série de loggias précédant les chambres de maîtres pour que ces derniers puissent y contempler la mer. Le sous-sol est aménagé pour les services et les domestiques logent au rez-de-chaussée.

Article de la revue : voir annexe n° 1

KER BEJI (1905)

Jules Deperthes, architecte d.p.l.g.

35, boulevard Hennecart et 22, allée des Marronniers

Toutes les villas du front de mer sont calées, verticales, les unes contre les autres, comme des sardines, car chacun veut profiter de cette échappée visuelle que procurent l'Océan et l'horizon. Les lotisseurs prirent soin de parcelliser assez étroitement (et longuement à l'arrière) pour réaliser ainsi plus de ventes. La mitoyenneté, qui commence vers 1890, fait barrage au vent et l'empêche de souffler entre les villas, comme c'était le cas au début du lotissement Hennecart entre l'avenue de la Gare (avenue du Général-de-Gaulle) et l'avenue des Escholiers (avenue des Evens). Dans son texte, l'architecte met en exergue le modèle médiéval du bâti, mais il ajoute à la façade une touche d'Art Nouveau, avec cette grille au-dessus de la porte d'entrée et la frise d'algues et d'écume, en bronze peint. La baie du séjour est très horizontale, pour mieux contempler l'océan. A l'intérieur, la lourde cheminée en granit rappelle l'ambiance bretonne, même si le mobilier est de facture Art Nouveau. Modernisme !...

Article de la revue : voir annexe n° 2

LES MOUETTES puis CHANTECLER (1907)

Louis Sézille, architecte d.e.

21, avenue de l'Hallali

En 1903, Louis Sézille, fils de pharmacien, publie l'Étude d'un cottage dans la forêt de pins à La Baule (non identifié), puis en 1905 il ouvre une agence à La Baule-sur-Mer (villa *L'Aubépine*, avenue des Bouleaux) et publie *la Grande Pharmacie de Paris* (109, avenue du Général-de-Gaulle). L'année suivante, il présente aux Salons d'Architecture, à Paris, les villas *Djali* et *Esméralda* (17 et 19, avenue Cornil). En 1907, il est diplômé de l'École Nationale des Arts Décoratifs et publie dans la revue *Villas et Maisons de Campagne* ce « chalet de plage » avec une touche d'Art Nouveau dans les baies cerclées de briques. Le pignon principal, orné d'un léger pan de bois, est entouré d'une véranda à l'ouest et d'une véranda vitrée (studio) à l'est. Sézille casse la symétrie du pignon en ajoutant une aile à l'ouest (prolongée par un petit cabinet). Dans son texte de présentation, il souligne l'importance des chambres qui donnent aux villas l'allure d'hôtel meublé. Il insiste sur la notion de vie en plein air et la transition nécessairement rapide entre la salle à manger et la véranda ouvrant sur le jardin.

Article de la revue : voir annexe n° 3

COTTAGE BELLEDUNE (1908)

Louis Sézille, architecte d.e.

10 et 12, avenue Cornil
avenue Paul Glaize et avenue Malherbe
Immeuble *Les Hespérides*

Tout en travaillant à Paris (rue Caulaincourt), Sézille continue ses réalisations bauloises. La même année que *Les Mouettes*, il dessine *Maya* (publiée ; 11, avenue de la Concorde) et le *Cottage Belledune* qu'il expose aussi aux Salons d'Architecture. Cette fois c'est une maquette qui donne corps au projet. Calé à 45° dans l'angle sud-ouest de la parcelle, le pignon principal est précédé au rez-de-chaussée d'une sorte de bow-window prolongeant la salle à manger.

COTTAGE BELLEDUNE (1908)

Louis Sézille, architecte d.e.

10 et 12, avenue Cornil
avenue Paul Glaize et avenue Malherbe
Immeuble *Les Hespérides*

Un grand hall communique au sud-est avec une véranda, elle-même surmontée d'un grand balcon-terrasse totalement couvert. Dans son souci du détail, l'architecte ira jusqu'à représenter des jardinières fleuries (éléments primordiaux de l'architecture de villégiature) accrochées aux garde-corps des balcons de sa maquette. La pierre blanche du garde-corps et du bow-window est sculptée d'un soupçon d'Art Nouveau qui se démarque, à cette époque et dans cette station, du style de l'architecte Georges Lafont et de ses motifs néogothiques.

COTTAGE BELLEDUNE (1908)

Louis Sézille, architecte d.e.

10 et 12, avenue Cornil
avenue Paul Glaize et avenue Malherbe
Immeuble *Les Hespérides*

Cette photo de la salle à manger fut aussi présentée aux Salons : l'éclairage est électrique (deux interrupteurs près de la porte fermée). Au-dessus du lambris en bois, l'imprimé du tissu mural représente des scènes champêtres du XVIIIe siècle. Les montants verticaux des dossiers de chaise reprennent la terminaison, en bourgeon végétal stylisé, des épis de faîtage. L'architecte dessinait tout, du sol au plafond !

LES TUCHETS (1909)

Louis Sézille, architecte d.e.

8, avenue Cornil, 7, avenue Pasteur et 18, avenue Paul-Glaize
Immeuble *Les Tuchets*

En 1909, Sézille dirige le « service architecture » de la revue *La Vie à la Campagne*. Il dessine et publie en couleur la villa *Les Tuchets*. Sur une vaste parcelle, il étale la villa en forme de T et ne l'érige pas en hauteur comme sur une petite parcelle. La façade principale, d'inspiration anglo-normande, avec un pignon à pan de bois, était orientée vers le Nord de l'avenue Cornil. L'axe de la villa était centré sur le pignon, au-dessus du balcon surmontant le bow-window du salon. Celle-ci s'étendait au Nord-Est par une véranda et au Sud-Ouest par un porche d'entrée (à 45°), puis par une chambre d'hôtes.

LES TUCHETS (1909)

Louis Sézille, architecte d.e.

8, avenue Cornil, 7, avenue Pasteur et 18, avenue Paul-Glaize
Immeuble *Les Tuchets*

L'aile arrière (sud-est) regroupait les services et la salle à manger ouvrant, comme le salon, sur la véranda. La villa comprenait quatre chambres de maître et cinq de domestiques. Au sous-sol avait été aménagé un laboratoire photographique et une grande salle de bains avec baignoire (luxe !).

Avec la Première Guerre mondiale, Sézille s'installe définitivement à Paris et devient un membre éminent du mouvement régionaliste. Il travaille aussi avec Henri Sauvage et Hector Guimard. Ce dernier, si célèbre pour *le Castel Béranger* et les bouches de métro à Paris, n'a réalisé aucune construction sur la Côte d'Amour, en dépit de la présence de sa belle-sœur, Marguerite Mercier, femme de son frère Paul. Le père de Marguerite, Charles Mercier, créa le lotissement Sainte-Marguerite de Pornichet vers 1890, puis fut élu tout premier maire de Pornichet à l'entrée du XXe siècle.

Ces images inédites ont été réalisées en infographie par le Studio Anatole à Vigneux-de-Bretagne 44

LE RÉGIONALISME
1920-1939

Jusqu'à la Première Guerre mondiale, la « première » villégiature insista sur le côté français de l'architecture avec le style médiéval et son point d'orgue : le gothique, parfois mâtiné de breton ou d'anglo-normand. Après cette Grande Guerre, la deuxième « vague » affine cette identité culturelle en passant de l'échelon national à l'échelon régional. Vers 1895, le mouvement culturel régionaliste démarre aisément dans la littérature et le graphisme et un petit peu dans l'architecture. Les affiches de chemins de fer vantent à cette époque les endroits reculés si pittoresques, présentant les autochtones en costume traditionnel accompagnant des Parisiens en villégiature. Pour la Presqu'île guérandaise, les paludiers ou les mariés du bourg de Batz invitent au séjour touristique. Le grand fléau passé, les mentalités évoluent en 1920 vers une reconnaissance des particularités locales. L'architecture individuelle de villégiature est appelée à s'inspirer des humbles formes des fermes ancestrales dans lesquelles l'homme se nourrit des fruits de son osmose avec la nature. Cette pensée, qui fait fi de la prééminence de l'homme sur cette nature, se traduit par une sorte de style *archi-kitsch-rural* dans lequel on retrouve, particulièrement à La Baule-les-Pins, tous les styles de la campagne française et de son littoral, en métropole ou aux Colonies (en tant que territoires « français »).

L'effort de reconstruction des Régions Libérées terminé, quelques architectes parisiens et autres entrepreneurs sont attirés en Loire-inférieure et s'installent pour développer la station de La Baule-les-Pins nouvellement inaugurée en juillet 1923. Sur la Côte d'Amour, c'est tout d'abord le style anglo-normand que les architectes proposent, malgré la forte identité bretonne de la Presqu'île guérandaise. En fait, pour les Parisiens, la plage la plus proche de Paris s'appelle Deauville, sur les côtes de la Manche, alors que, sur l'Océan Atlantique, elle s'appelle La Baule. Ce style normand devient quelque peu synonyme de balnéaire pour la France au Nord de la Loire. Bien évidemment le style breton a quand même quelques adeptes puisque style vernaculaire. Plus économiques à construire et plus « ensoleillés », les styles basque et provençal apparaissent pourtant une dizaine d'années plus tôt. Enfin, puisque la Côte d'Amour commence à l'embouchure de la Loire où sont installées les constructions navales de Saint-Nazaire, un architecte fasciné de modernisme invente au début des années 30 un style « Paquebot » qualifié par lui de « style moderne ». Or, ces navires mènent vers les Colonies d'outremer, autres territoires de la France, qui font aussi rêver les nouveaux architectes baulois. Autour de cette baie ensoleillée, il semble donc tout naturel de trouver sous les pins un style « colonial » à toiture terrasse cernée d'une corniche pare-soleil. Dans ce large éventail de styles architecturaux, on trouve encore une tentative de style « international » et de rares villas totalement « Art Déco » (toutes à toiture-terrasse). Et cette patte Art Déco s'inscrit parfois sur les murs des villas de tout style par un enduit au graphisme travaillé et reflétant alors une signature d'architecte. Il remplace l'enduit « tyrolien » (granulats de ciment projeté avec une « tyrolienne ») si rugueux et si rustique mais proche du rural qui marque cette période d'architecture ludique et décontractée entre 1920 et 1939. La préface du livre de la *Société Générale Foncière*, second lotisseur de La Baule-les-Pins, Joseph Stany-Gauthier, futur conservateur du musée de Nantes, s'accommode fort bien de toutes ces disparités liées les unes aux autres par la végétation omniprésente dans cette Presqu'île guérandaise au climat lumineux et doux. Cela illustre l'ambiance romantique et champêtre de tous ces styles disparates qui règne dans ce mouvement balnéaire, échappatoire idyllique et anti-stress du capharnaüm urbain.

VILLAS DE FILLES... VILLAS DE FLEURS !

Villas modernes de la Côte d'Amour

Préface de Joseph Stany-Gauthier
Ed. Charles Massin, Paris (vers 1930)

Une mer frangée de lames d'argent, un ciel toujours bleu, mais d'un bleu plus atténué, plus délicat que le bleu méridional, une plage magnifique faite de sable fin, déroulant sur plusieurs kilomètres sa courbe majestueuse, de somptueuses villas enfouies sous l'ombrage d'odorants bois de pins ou perchés au sommet des dunes, un climat tempéré, idéal, telle est cette Côte d'Amour dont le rivage s'étend de la pointe du Pouliguen jusqu'aux rochers de Pornichet.

La « Côte d'Amour » a vu, depuis plusieurs années, croître sa renommée d'une façon prodigieuse ; renommée justifiée certes, car notre plage de l'Océan est certainement l'une des plus belles et des plus agréables à habiter. La Baule-les-Pins, station estivale, surgie comme par enchantement sous la baguette de fée des architectes doit une partie de sa vogue à son incomparable situation, à son emplacement unique, mais elle doit aussi à son excellent climat, à son atmosphère limpide et claire, à ses forêts de pins et également à tous les avantages et agréments que la Société y a créé : golf, tennis, champ de cour ses, yachting, etc.

La Baule-les-Pins possède toutes les compétitions sportives que toute cité moderne doit aujourd'hui posséder.

Enfin, la nouvelle Baule est proche voisine de La Baule, centre mondain par excellence, dont les fêtes d'élégance attirent, tous les étés, une foule de touristes et d'étrangers.

La Baule-les-Pins, il y a quelques années, n'était qu'une simple forêt de pins établie dans les dunes de sables bordant la mer. Pas une habitation ne s'y trouvait.

On a désiré créer sur cet emplacement une ville nouvelle ayant ses villas, ses rues, ses places, son église, ses gares et cela tout en conservant le plus possible les arbres de ce bois d'Amour, charme incontestable de ce pays.

Dès lors, de nombreuses villas se sont élevées, œuvres d'architectes de talent, leurs élégantes silhouettes peuplent maintenant les avenues ou bordent le grand boulevard qui longe l'Océan, créant une ambiance de luxe et de beauté fort appréciée des visiteurs.

A cette cité toute neuve, il fallait adopter une architecture nouvelle. Sa voisine La Baule marque cette époque, La Baule-les-Pins se devait d'en marquer une autre.

Certes le problème est plus facile en théorie qu'en pratique, car il faut tenir compte, d'une part des difficultés afférentes aux emplacements, d'autre part des exigences des propriétaires et de la limitation des crédits ; toutefois nous devons dire que dans l'ensemble les architectes et les constructeurs se sont fort bien tirés du problème et que les villas élevées ces dernières années marquent un réel effort vers la recherche de la nouveauté et du confort. L'impression dominante c'est qu'un progrès immense a été accompli vers une heureuse compréhension du rôle que doit jouer une villa construite au bord de la mer.

La recherche de tout ce qui peut faciliter le libre accès de l'air et de la lumière paraît avoir été la question primordiale étudiée par les architectes et la réussite à ce point de vue est parfaite ; ce ne sont partout que des terrasses, loggias, grandes baies, bow-windows, la villa ne devient pas seulement un abri pour la nuit mais encore un endroit confortable où dans la journée on aime venir se reposer en respirant librement toutes baies ouvertes.

Une autre importante question consistait dans le choix du style à adopter pour l'édification des façades, là il fallait incontestablement trouver des formules nouvelles et donner à La Baule-les-Pins de 1929, 1930, etc., une autre physionomie de La Baule de 1902.

En adoptant un style uniforme il y avait à craindre la monotonie d'une fastidieuse répétition ; il faut reconnaître que l'écueil a été habilement contourné et La Baule-les-Pins présente un ensemble de villas très variées d'aspect, susceptibles de satisfaire les goûts les plus différents.

Géographiquement, La Baule est rattachée à la Bretagne, mais par son ciel pur et par sa mer bleue, par son climat doux et par ses bois de pins, elle pourrait prétendre appartenir à la côte basque ou encore au rivage méditerranéen.

Pour cette raison, les conceptions architecturales qui ont fait édifier à La Baule-les-Pins des villas basques et des villas provençales ne nous choquent aucunement. Si la villa bretonne a droit de cité, la villa au grand toit à deux pentes, aux façades rehaussées de bois colorés en rouge et en bleu suivant le type traditionnel basque, s'y adapte fort bien.

Nous devons louer les architectes de ne pas s'être contentés de copier servilement les modèles provinciaux, mais de s'en être inspirés pour créer un style basque ou un style provençal nouveau plus conforme à nos conditions modernes de la vie. Ainsi, dans les habitations foncièrement régionales les ouvertures sont en général rares et étroites, au contraire on remarquera combien dans les villas construites à La Baule-les-Pins les baies sont largement ouvertes et disposées à profusion ; de même l'usage de plus en plus répandu de l'automobile a nécessité la création d'une nouvelle salle inconnue des vieilles habitations provinciales : le garage.

Quant aux constructions de style exclusivement moderne, elles constituent une classe à part qui, elle aussi, a ses fervents adeptes.

La Baule-les-Pins, cité moderne, se devait d'être à l'avant-garde des idées nouvelles et de nombreuses villas montrent que la simplicité de construction et de décor recherchée de nos jours s'adapte merveilleusement au cadre pittoresque de ce beau pays.

INSPIRATION BRETONNE

Au début de l'épopée balnéaire (1820-1840) la Loire inférieure et donc la Presqu'île guérandaise est d'abord et avant tout bretonne. Le château des Ducs est bien à Nantes et non à Rennes ou à Brest. La récente notion administrative des Pays de Loire ne transparaît pas dans l'architecture de villégiature. Les références angevines ou sarthoises sont absentes car ces départements ne sont pas côtiers. Aussi lorsque s'érigent vers 1890 les premières constructions identitaires en relation avec la Côte, il est bien sûr question de manoirs bretons, même si parfois certains s'évadent vers la Méditerranée. Après 1920, le breton est toujours la référence des Nantais et autres ligériens mais les Parisiens se tournent vers la Manche.

TI AN ROC

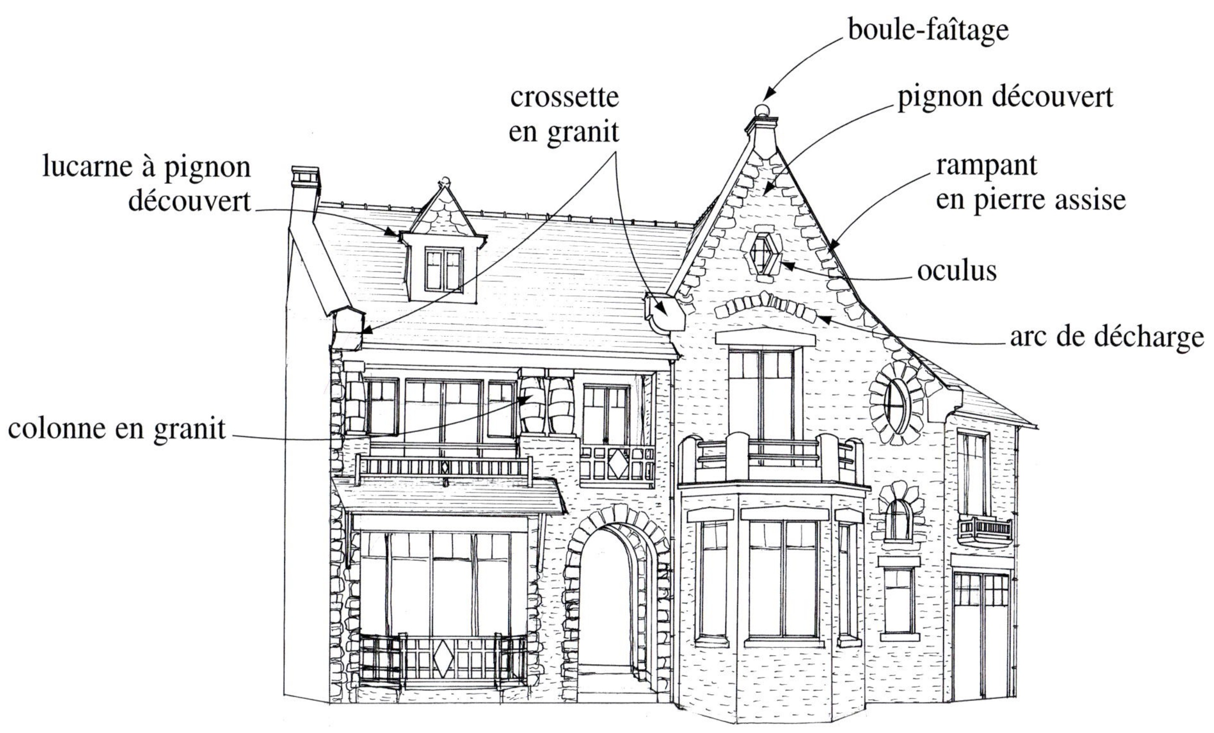

Le style breton

L'architecture dans la campagne bretonne est avant tout, fonctionnelle et basée sur l'économie des moyens mis en œuvre (comme toute architecture de campagne). L'aire basique d'une construction élémentaire est rectangulaire. Sur les petits côtés sont les murs pignons (Est et Ouest) et sur les grands côtés (Sud et Nord) les murs gouttereaux (murs bas sous les gouttières). Tous quatre sont en **moellons de granit**. La couverture d'ardoise, pour ne pas être soufflée par les vents d'Ouest, se cale contre l'intérieur du mur pignon et ne recouvre pas ce dernier. Le granit est équarri et taillé pour les encadrements des baies, les angles des murs et les **rampants en pierre assise** appareillés sur les **pignons découverts**. Ces pignons se terminent en bas par des **crossettes** (pierre taillée en encorbellement de part et d'autre de la base du triangle du pignon). Au sommet du pignon culmine parfois une **boule** de granit (symbole du Cosmos ?). Les ouvertures se situent pratiquement toutes au Sud et les linteaux des portes sont cintrés. Lorsque l'exploitation prend de l'importance, un imposant **escalier extérieur** tout de granit dessert les combles (grenier) de la maison qui sont éclairés par une **lucarne-pignon** (avec crossette et boule) en granit taillé. Puis quand la cour se forme, une aile en retour abrite les services nécessaires au développement de l'exploitation.

Dans l'architecture balnéaire, à la dissymétrie du percement de la maison d'origine s'ajoute alors la **dissymétrie du volume** d'une maison de campagne que l'architecte n'aura de cesse de reproduire pour bien faire sentir à son client qu'il n'est plus en ville. Le pignon frontal aux rampants parfois dissymétriques se couvre d'enduit et un petit **oculus** éclaire alors les combles. Le chaume en couverture disparaît pour laisser la place à l'**ardoise** d'Angers. Des **arcs de décharge** tout en granit (pour alléger la poussée sur un linteau de fenêtre) ressortent de l'enduit et appuient cette impression de robustesse du bâti. La **colonne** en granit, lourdement galbée en haut comme en bas, soutient parfois un éventuel porche ou une véranda. A l'intérieur, hormis le jeu de poutres au plafond et l'escalier non cloisonné, la cheminée en granit taillé et bois équarri trône dans le séjour adossée au centre du mur pignon.

SAINT-CORENTIN (1928)

Paul-Henri Datessen, architecte d.p.l.g

55, esplanade Benoît et 1, avenue des Hirondelles

Croquis de l'auteur

Entre cette villa trapue et robuste et l'étier du Pouliguen s'étale avec élégance l'esplanade Benoît. Calée dans une parcelle ingrate, *Saint-Corentin* précède les villas *Le Bosphore* et *Stamboul* que l'architecte Aubry avait érigées pour marquer l'entrée de l'esplanade. Cette villa bretonne est une belle réussite car Paul-Henri Datessen, architecte mais aussi archéologue, féru de Bretagne, et marin, y intègre tout le vocabulaire balnéaire : loggia, véranda, oriel, bow-window, porche avec le décorum correspondant : pignon découvert dissymétrique, granit taillé, encorbellement... Avec cette villa, la plage de La Baule marque son identité bretonne.

TY RA & TY RA BIHAN (1924)

Paul-Henri Datessen, architecte d.p.l.g.

25, boulevard du Dr. René-Dubois
Immeuble *Ty-Ra*

Datessen connaît fort bien La Baule car Edouard, son père et confrère, y dessina quelques villas peu après la création de la station. Il y emmenait le petit Paul-Henri à la plage. En 1924, outre l'agence parentale au 19 quai Conti à Paris, Datessen fils ouvre une agence avec son confrère et ami André Marganne. La fructueuse association dure deux ans environ et se scinde. Puis vers 1926, Paul-Henri devient l'architecte principal de La Baule grâce à la qualité de son travail unanimement reconnu avec l'élégance d'un trait sobre et proportionné. Son credo : inclure dans l'architecture tout l'argent des clients et éviter le coûteux décor kitsch des styles dont les autres confrères usent et abusent sur les façades.

TY RA & TY RA BIHAN (1924)

Paul-Henri Datessen, architecte d.p.l.g.

25, boulevard du Dr. René-Dubois
Immeuble *Ty-Ra*

La villa *Ty Ra* et son annexe *Ty Ra Bihan* (la petite maison Ra, en breton) appartiennent à M. Robert André (sans parenté avec l'Empereur des jeux). Plantées dans les dunes elles aspectent l'Océan entre la bretonne *Les Ailes* (ex- *Red Roof*) et la basque *Les Cigales*. L'avenue derrière ces villas comporte de nombreuses autres réalisations des Datessen père et fils (*La Villanelle*, *Sunny Hill*, *La Saga*...).

LES AILES (1931)

Paul-Henri Datessen, architecte d.p.l.g.

26, boulevard du Dr. René-Dubois
Immeuble *Les Ailes*

A l'est de la villa *Ty Ra*, Datessen réhabilite l'ancienne villa *Red-Roof* (« toit rouge » : tuile mécanique orangée) pour l'avionneur Latécoère. Celui-ci s'amusa alors à la nommer *Grey Roof* (« toit gris ») car Datessen la recouvre d'ardoise, comme sa voisine, et orne le pignon couvert, exposé au sud, d'un essentage d'ardoise avec deux égouts de toit. Les trois fenêtres des combles sont encadrées par un pan de bois et sont ornées chacune d'une jardinière. A l'étage, une vaste loggia à deux colonnes en granit est légèrement décalée vers l'ouest et, au rez-de-chaussée, une grande et une petite baies forment la véranda galerie, encore plus décalée. La dissymétrie est bien présente sur ce pignon et le reste de la villa s'agence en arrière-corps.

LES AILES (1931)

Paul-Henri Datessen, architecte d.p.l.g.

26, boulevard du Dr. René-Dubois
Immeuble *Les Ailes*

De la villa reculée en haut de la dune, il était difficile d'apercevoir toute la baie, car *Ty Ra* était plus proche du rivage. Aussi Datessen dessina en mitoyenneté une passerelle au même niveau que la terrasse du séjour, de laquelle on pouvait suivre les régates des voiliers.

Passionné d'architecture, Latécoère appréciait le travail de Datessen. A Bidart, une station balnéaire située à 6 km de Biarritz, l'architecte dessina pour l'avionneur, dans un style néoclassique grand siècle, la fameuse demeure *Les Ailes*.

LES AILES (1931)

Paul-Henri Datessen, architecte d.p.l.g.

26, boulevard du Dr. René-Dubois
Immeuble *Les Ailes*

Les architectes dessinaient tant la structure que le décor d'une villa, et ce, dans ses moindres détails. Le fond d'archives Datessen, récemment retrouvé (archives départementales de Loire-Atlantique) est riche de nombreux dessins de mobiliers et de décoration. Pour *Les Ailes*, c'est un ami baulois, Marcel Clou, peintre et décorateur qui agence la villa. Ce dernier était influencé par Sonia Delaunay. Au Parc des Dryades, il réalisa pour les petits le manège tourniquet plein d'animaux marins.

CASTEL FRANÇOIS-MARIE (1930)

Paul-Henri Datessen, architecte d.p.l.g.

15, avenue Marguerite-Jean

Comme ses confrères baulois nullement gênés par la « pureté » identitaire du courant régionaliste (une région = un style), Datessen dessine tous les styles : anglo-normand, basque, provençal, flamand, colonial, paquebot. Il est le premier architecte baulois à être publié après la 1re guerre (in *L'Architecture* en 1925 : *Villanelle* [1922] de style colonial 6, allée Neptune et 10, avenue Voie Lactée - pour son père - et *Sunny Cottage* [1924] de style anglo-normand 19, avenue Voie Lactée). Puis la prestigieuse revue *l'Illustration* publie ses villas dans les numéros spéciaux sur l'habitation en 1929 et la maison en 1939. *Castel François-Marie*, le long de l'étier du Pouliguen, près des marais salants, offre, par ses proportions harmonieuses, la grande sobriété de son décor et le dernier modernisme intérieur, tout ce que recherche le citadin en mal d'évasion : la confortable rusticité du gentleman farmer.

SAINT-GUÉNOLÉ (1927 ?)

Paul-Henri Datessen, architecte d.p.l.g.

9, avenue Gounod

Reprenant le thème de l'architecture bretonne du Moyen Âge, Datessen dessine dans La Baule-Les-Pins la villa *Saint-Guénolé* qui présente au Sud un pignon couvert orné d'un essentage d'ardoises grises et violines sur les combles et d'un pan de bois à l'étage. Il élance l'allure de cette façade en encadrant ce pignon à l'Est par la porte d'entrée surmontée de la cheminée et un porche à l'Ouest. Sur la façade ouest, un autre pignon couvert est orné d'un pan de bois orthogonal. Datessen réalise aussi, pour le même client, la villa voisine *Saint-Corentin* (7, avenue Gounod) dans une évocation des plages du Nord (pignon et toiture à trois pentes : brisis, terrasson et coyaux).

MARIE-CLAUDE (1932)

Paul-Henri Datessen, architecte d.p.l.g.

19, avenue du Maine et 21, avenue du Limousin

Avec *Marie-Claude*, Datessen joue sur l'angle de deux voies et, pour relier les deux pignons, il courbe sa véranda protégée par un auvent. Le balcon coursive à l'étage est bordé, tout comme les fenêtres des pignons, d'une jardinière (omniprésente dans cette architecture dite balnéaire). La Baule fut d'ailleurs nommée « Reine des Fleurs » durant les années 30. Elle s'appelait déjà dans les années 20 « la Plage du Soleil ». Pour un art de vivre plus gracieux, les baies du rez-de-chaussée sont adoucies par la courbe d'un plein cintre. Enfin, la toiture tourne elle aussi son versant pour accompagner le balcon et la voirie. Durant l'occupation allemande, cette villa fut habitée par ses propriétaires. C'est alors une des rares à être restée « dans son jus » avec tout son mobilier d'origine.

KENAVO (M. LAJARRIGE) (1925)

Adrien Grave et Roger Pons, architecte d.p.l.g. & architecte

9, avenue Alexandre-Dumas

En 1925, Louis Lajarrige commande pour lui-même aux architectes Adrien Grave et Roger Pons la villa *Kenavo* (en breton : Au Revoir) dans un style résolument breton. Quoi de plus normal dans ce nouveau lotissement de La Baule-les-Pins que de construire dans le style propre à la Presqu'île guérandaise. Cette villa plaît tant au député Lajarrige que deux ans plus tard ces mêmes architectes, dans le même style architectural, gagnent le concours de la gare d'Escoublac - La Baule organisé par le député lotisseur Louis Lajarrige, le Paris-Orléans (compagnie ferroviaire), la commune d'Escoublac et la *Société Générale Foncière*. Etonnant, non ? Henri Jamard, architecte d.e. à Angers, arrivé deuxième à ce concours, n'apprécie guère ces coïncidences et s'en retourne en Anjou.

KENAVO (M. LAJARRIGE) (1925)

Adrien Grave et Roger Pons, architecte d.p.l.g. & architecte

9, avenue Alexandre-Dumas

Tout le matériel balnéaire s'accroche à ces façades garnies des poncifs bretons : une véranda au rez-de-chaussée soutenue par trois colonnes, une loggia à l'étage pour rattraper l'avant-corps du pignon dissymétrique, un garage bien en vue sur la voirie (nouvel élément architectural) surmonté d'une pergola (qui comme la loggia, n'est pas exactement bretonne !), des boules, des crossettes, des arcs de décharge et des pierres assises sur les pignons… La structure est une chose, le décor en est une autre, et le vocabulaire architectural, une troisième, déterminante pour l'appellation *villa*.

KENAVO (M. LAJARRIGE) (1925)

Adrien Grave et Roger Pons, architecte d.p.l.g. & architecte

9, avenue Alexandre-Dumas

A l'étage au nord de la façade ouest, un oriel s'avance tel une échauguette. Même l'enduit est travaillé en lame verticale sur bandes horizontales et traduit, à l'extérieur, la modernité de cet ensemble. Issu d'un milieu très modeste, Grave n'aura de cesse de publier son travail pour se faire connaître du milieu aisé pour lequel il travaille et dans lequel il évolue. Dans ce recueil de 1930, il « oublie » simplement de citer son confrère Roger Pons.

NOELEN (M. SANTI) (1926 ?)

Adrien Grave, architecte d.p.l.g.

13, avenue de Verdun

Sur cette villa dressée au-dessus de son garage, Grave modernise le style breton par des rampants en béton imitant ainsi les pierres assises. Le contraste des moellons grossièrement taillés du rez-de-chaussée et le béton lisse sur les rampants souligne ce modernisme. Le pignon découvert est rendu dissymétrique par l'adjonction du porche face à la porte d'entrée. Le garde-corps à redent de l'escalier extérieur menant à la véranda est inspiré par le dessin d'un emmarchement d'escalier réalisé sans garde-corps dans les fermes bretonnes.

VILLA BERNARD (1925 ?)

Adrien Grave, architecte d.p.l.g.

41, avenue de Rhuis

Cette villa avec ses pentes de pignon en béton est une variante du style précédent. Moins onéreux à construire, car moins de granit en façade, Grave y greffe un bow-window accolé à une véranda et surmonté d'un balcon. Le portique d'entrée et le muret de clôture sont étudiés pour évoquer eux aussi la campagne avec leurs moellons de granit apparaissant ici et là en un « savant » désordre.

VILLA BERNARD (1925 ?)

Adrien Grave, architecte d.p.l.g.

41, avenue de Rhuis

Dans le même « jus », Grave réalise la villa voisine. Ces constructions seront reproduites en un dessin allégorique dans l'hebdomadaire local, *La Mouette*, pour la réclame du lotissement. Il dessine encore un troisième style breton (non publié) avec la villa *Ker Rozen* (2, avenue Le Dentu) dont les pignons couverts sont ornés d'un essentage d'ardoises et d'un pan de bois.

LE LOGIS D'ARMOR (M. FIÈVRE) (1927)

Adrien Grave et Georges Meunier, architectes d.p.l.g.

15, allée des Mouettes

Dans le quartier des Oiseaux (lotissement Darlu) M. Fièvre demanda une esquisse de villa à Paul-Henri Datessen et son associé André Marganne puis une autre à Adrien Grave et Georges Meunier, eux aussi associés. Ces derniers l'emportent avec *Le Logis d'Armor* de facture bretonne alors que Datessen et Marganne dessinèrent une villa de type coloniale. En fait, comme avec Pons pour *Kenavo*, Grave s'arroge la paternité de cette construction malgré la signature de Meunier sur les plans. Il y loge sur la façade tout le vocabulaire balnéaire : porche, véranda, bow-window, loggia et balcon à sa propre « sauce » bretonne.

TREZ AVEL (M. GILBERT) (1928)

Adrien Grave, architecte d.p.l.g.

2, avenue de La Grande Dune et 54, boulevard de l'Océan
Immeuble *Trez Avel*

Implantée à l'intersection des deux voies de circulation cette villa développe deux façades à pignon découvert dissymétrique articulées sur un retour à lucarne-pignon. Le pignon face mer est précédé, au rez-de-chaussée, d'une loggia à colonne de granit et le pignon ouest : d'une galerie avec baie en plein cintre réalisée en appareillage de granit. Une petite tourelle, telle une échauguette, termine la façade ouest. A l'arrière, la villa de type coloniale *Rio Negro* de l'architecte Georges Meunier (ex-associé de Grave).

LA CLARTÉ (M. BEILIN) (1928)

Adrien Grave, architecte d.p.l.g.

70, boulevard du Labego, Le Pouliguen

Dans le même esprit que la villa du lotisseur Lajarrige pour La Baule-les-Pins Grave érige face à la mer, pour le créateur du lotissement de Pierre Plate, cette villa bretonne après la pointe de Penchâteau, sur la côte sauvage du Pouliguen. Hormis le grand bow-window rotonde et la véranda de la salle à manger cette construction est économe en espaces de transition grands ouverts car le vent y est plus soutenu que dans la forêt maritime de La Baule. Les architectes Aubry et Bougoüin signalaient dans le recueil de 1911 leurs villas bauloises sur la commune du Pouliguen. A l'inverse, Grave, en 1930, indique sa villa de Penchâteau dans la station balnéaire de La Baule, qui jouit alors d'une plus grande renommée internationale !

SAINT-HUBERT (1925 ?)

Roland Geffroy, architecte

7, allée de Sesmaisons et
10, avenue Lamoricière

Seule réalisation connue de cet architecte peu connu. Il fut chef d'agence chez Quilgars au Pouliguen puis à Saint-Nazaire après la guerre. La façade nord aux percements symétriques est assez « plate » et plutôt urbaine. La façade ouest est dessinée de manière plus balnéaire avec une véranda au rez-de-chaussée et une loggia à l'étage, toutes deux calées contre le retour du pignon en avant-corps.

KREIZDE & KER AVEL (1935)

Maurice Boille, architecte d.p.l.g.

39 et 40, esplanade Benoît

L'architecte tourangeau dessine une villa jumelle pour son propre compte et celui d'un membre de sa famille. Non averti de la conception du bord de mer, il érige en stricte symétrie ces deux bâtisses à l'ambiance bretonne et ne cède aucunement à une quelconque rupture. Au rez-de-chaussée surélevé, de larges portes-fenêtres agrandissent l'espace du séjour vers une terrasse face mer. A l'étage, des balcons-loggias, couverts par l'encorbellement des combles, offrent eux aussi une vaste vue sur mer. Au-dessus de l'encorbellement, dans les combles, le pignon est recouvert d'un essentage d'ardoises. Facture sobre d'une architecture inspirée des maisons bretonnes du Moyen Âge, mais quel garde-à-vous !

KREIZDE & KER AVEL (1935)

Maurice Boille, architecte d.p.l.g.

39 et 40, esplanade Benoît

Tout comme l'extérieur, « breton moderne », l'intérieur est très contemporain de l'époque. Le « living » est spacieux et reçoit un flot de lumière à travers la large porte-fenêtre plein cintre, côté mer. Ce cintre est d'ailleurs repris au fond de la pièce pour marquer un petit salon, côté jardin. Sur la grande cheminée du séjour, au bas de la hotte, l'architecte a gravé pour honorer ses hôtes « Tu passes dans ma maison et ton souvenir demeure ». Durant la guerre cette villa, comme toutes villas du front de mer, servit de « maison de repos » aux officiers allemands. Alors, en souvenir, ils dessinèrent un drakar viking sur la cheminée.

INSPIRATION ANGLO-NORMANDE

La Presqu'île guérandaise est éminemment bretonne. Mais, au sortir de la Grande Guerre, les touristes parisiens ne jurent que par Deauville, Trouville et la campagne anglo-normande. Ainsi dès 1923, les deux amis associés, Georges Meunier et Adrien Grave, conçoivent pour Auguste Debroas le *Normandy Hotel* dans l'avenue des Tilleuls (36, avenue Lajarrige, à l'angle de l'avenue Edmond-Rostand). Cet hôtel sera en fait le siège de *La Construction moderne de La Baule-les-Pins*. Créée par Debroas, cette société édifiera avant 1939 une bonne moitié des villas du nouveau lotissement. Au centre de ce dernier, sur la place des Palmiers, l'architecte Henri Jamard dessine en 1924 pour un assureur angevin l'*Hôtel des Sylphes*, puis, en 1925, les architectes parisiens Charles Lemaresquier et Fernand Colin conçoivent son pendant : l'*Hôtel des Palmiers*. Le style des deux hôtels penche vers le hollandais, avec ces toitures à trois pentes (terrassons, brisis, coyaux). En 1927, à la demande de la *Société Générale Foncière*, Colin réalise la gare du lotissement de La Baule-les-Pins. L'une est donc bretonne par géographie (Escoublac-La Baule) et l'autre anglo-normande par mode (La Baule-les-Pins) ! François André l'a d'ailleurs bien compris, car il fait dessiner dans ce même style par l'architecte Ferdinand Ménard, en 1926 et en 1927, les *Tennis*, près des marais salants et, sur la plage, son palace-hôtel *L'Hermitage* (très anglais, tant par le H que comprend son nom que par sa composition : classique au rez-de-chaussée et anglo-normand dans les combles). Et pourtant, dans le même temps, il commande à Ménard et à Grave le *Club-House* du golf de La Baule à Penchâteau, sur la côte sauvage du Pouliguen, dans le style breton de la gare d'Escoublac.

ARCHI-KITSCH-RURAL

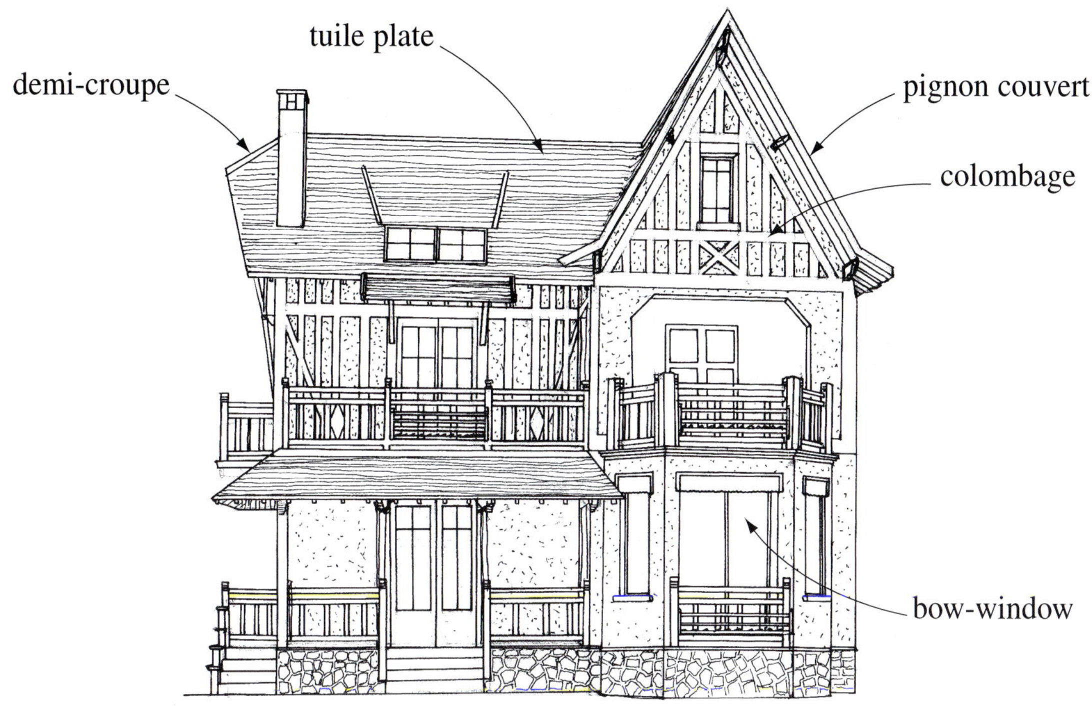

Le style anglo-normand

Dans sa volumétrie, la villa balnéaire de style anglo-normand est structurée comme la villa bretonne avec un pignon en avant-corps et un retour précédé d'une véranda. Le vocabulaire architectural est similaire, mais le décor porté sur la façade reprend plusieurs points de celui des granges de Normandie. Celles-ci sont longues, étroites et basses. Les murs possèdent une structure à **colombage** (du latin, *columna* : colonne) qui n'est autre qu'un pan de bois empli de terre ou de briquette de terre cuite. Lorsque la maison possède un étage, un pignon à colombage forme parfois avant-corps et signale alors la porte d'entrée protégée par un **porche** en bois. Sa longue et haute couverture est traditionnellement en chaume mais aussi en **tuiles plates**. Menant aux combles de la grange, l'escalier extérieur en bois s'applique sur le **pignon couvert** sous la protection d'une **demi-croupe** (ou queue-de-geai) de la toiture. Les quelques **lucarnes** en toiture reprennent parfois cette demi-croupe. Charpentiers émérites, les Normands sont aussi des maçons, au sens esthétique élevé, et les murs de leurs demeures sont appareillés en alternance de brique et de silex. Mais à La Baule, curieusement, cet assemblage n'est pas au « catalogue » de l'imaginaire balnéaire anglo-normand. Est-ce par économie ? Mais l'enduit tyrolien, si « rural », recouvre la plupart des villas anglo-normandes.

PLAISANCE (1929)

Georges Meunier, architecte d.p.l.g.

42, boulevard de l'Océan
Immeuble *Cristal*

Plaisance fut l'une des premières villas à disparaître du remblai pour être remplacée par une architecture financière. Georges Meunier la dessine tel un château symétrique habillé à l'anglo-normande et brise cette symétrie avec cette petite demi-croupe en toiture. Les deux baies en plein cintre ouvrant sur une terrasse-balcon au rez-de-chaussée, ne sont guère typiques du style du bord de la Manche. Alors que les deux pignons à colombage en encorbellement au-dessus des balcons marquent la villa du style anglo-normand, l'enduit « rouge lie-de-vin » (en gris foncé sur la photo) au rez-de-chaussée rejoint plutôt l'imaginaire architectural du sud de la France.

ELMONIC puis LA MAMOUNIA (1926 ?)

René Perrey, architecte d.p.l.g.

77, avenue du Bois-d'Amour et avenue de la Mer

Venant des Régions Libérées, René Perrey s'installe à La Baule en 1924 après avoir gagné le concours des boutiques de la promenade du Pouliguen. Louis Lajarrige commande à Perrey quelques villas, dont *Elmonic*, traitée dans un style anglo-normand épuré de son décorum, mais dont les bow-windows et le pignon à faux pan de bois et la demi-croupe indiquent l'influence. Dans ce même style, plutôt moderne, mais couvert d'épis de faîtage en céramique, Lajarrige lui demande la *Villa Marthe* (non publiée, 44, avenue de la Grande Dune et 24, avenue Sarah-Bernhardt), qui abritait les bureaux pour la vente des terrains du lotissement.

ELMONIC puis LA MAMOUNIA (1926 ?)

René Perrey, architecte d.p.l.g.

77, avenue du Bois-d'Amour et avenue de la Mer

Pour recevoir plus rapidement les commandes, René Perrey s'installe tout à côté de la *Villa Marthe*, au 42, avenue de la Grande Dune, dans sa villa *Ker Ninoune* (diminutif de sa fille Janine). Face à la *Villa Marthe*, de l'autre côté de l'avenue, il dessine aussi le bureau de poste du lotissement de La Baule-les-Pins et, face à *Ker Ninoune*, il conçoit les *Poteries Normandes* pour les Filmont de Caen, dont l'usine de céramique architecturale fabriquait toutes sortes d'objets décoratifs pour le jardin et la maison de campagne.

NORMANNI (1927 ?)

Adrien Grave, architecte d.p.l.g.

21, avenue de La Fauvette

Derrière le tout jeune hôtel *L'Hermitage*, Grave compose *Normanni* (les Normands). Cette villa basse comprend une vaste loggia entre deux pignons. Peu anglo-normande dans sa silhouette, elle est pourtant « vêtue » dans ce style avec le pignon ouest à faux pan de bois en encorbellement au-dessus du bow-window, l'autre pignon dont les pentes de toit s'apparentent plus à celle de Normandie, mais aussi avec la souche de cheminée au décor de brique.

LA GLORITA (1925)

Adrien Grave, architecte d.p.l.g.

19, avenue Saint-Clair et 6, avenue de Chateaubriand

Pour *La Glorita* Adrien Grave condense ici le vocabulaire balnéaire, comme il l'a fait pour la villa bretonne le *Logis d'Armor*. Passé la pergola du portail, le visiteur entre dans le jardin puis monte l'escalier menant à la véranda, qui est abritée sous un large auvent, et pénètre ensuite dans le séjour. La salle à manger est prolongée par le bow-window, protégé lui aussi par un auvent et surmonté d'un balcon à l'étage, au-delà de la loggia, de la chambre. Le pignon couvert d'un toit à forte pente et orné d'un pan de bois en encorbellement sur cette loggia, exprime le style anglo-normand. Le balcon attenant est, tout comme les autres espaces de transition, protégé par le débord de toiture qui se prolonge au-devant de la porte-fenêtre par un auvent. La toiture en tuile plate et la demi-croupe couvrant le pignon ouest terminent cette déclinaison stylistique anglo-normande.

INSPIRATION PROVENÇALE

Alors que le style italo-méditerranéen marqua par quelques beaux exemples la villégiature de la fin du XIXe siècle (*Les Troves* derrière la mairie du Pouliguen, *Saint-Kiriec* à Penchâteau, et la *Villa du Lin* au Croisic à côté de *Stella-Maris*) puis disparut après la guerre (sauf *Ker Souveraine* à Pornichet), le style provençal, plus sobre en décor, s'installe avec parcimonie sur la Côte d'Amour. Le manque de pan de bois en Provence réduirait-il l'imaginaire de campagne ? Dans les campagnes du sud de la France, les mas isolés dans les vignes sont trapus et ramassés autour d'une cour que le soleil inonde à midi. Sur la façade sud, la treille (treillage horizontal de baguette bois) recouverte de vigne « climatise » quelque peu la bâtisse en été. La pergola (italienne), avec colonnes et poutres, joue le même rôle dans les maisons de notables. Efficacité et rationalisme ne s'inquiètent guère du paraître en site urbain et la construction rurale respire l'économie et la sobriété. Sur le littoral, le villégiateur (ou son architecte) qui copie ce style apprécie justement cet aspect, car le granit breton est cher à tailler, et les toitures normandes sont tout aussi onéreuses par leurs charpentes et leurs pans de bois travaillés.

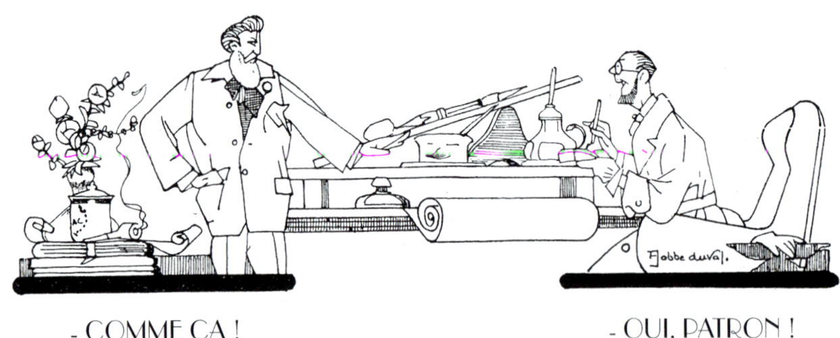

- COMME ÇA !   - OUI, PATRON !

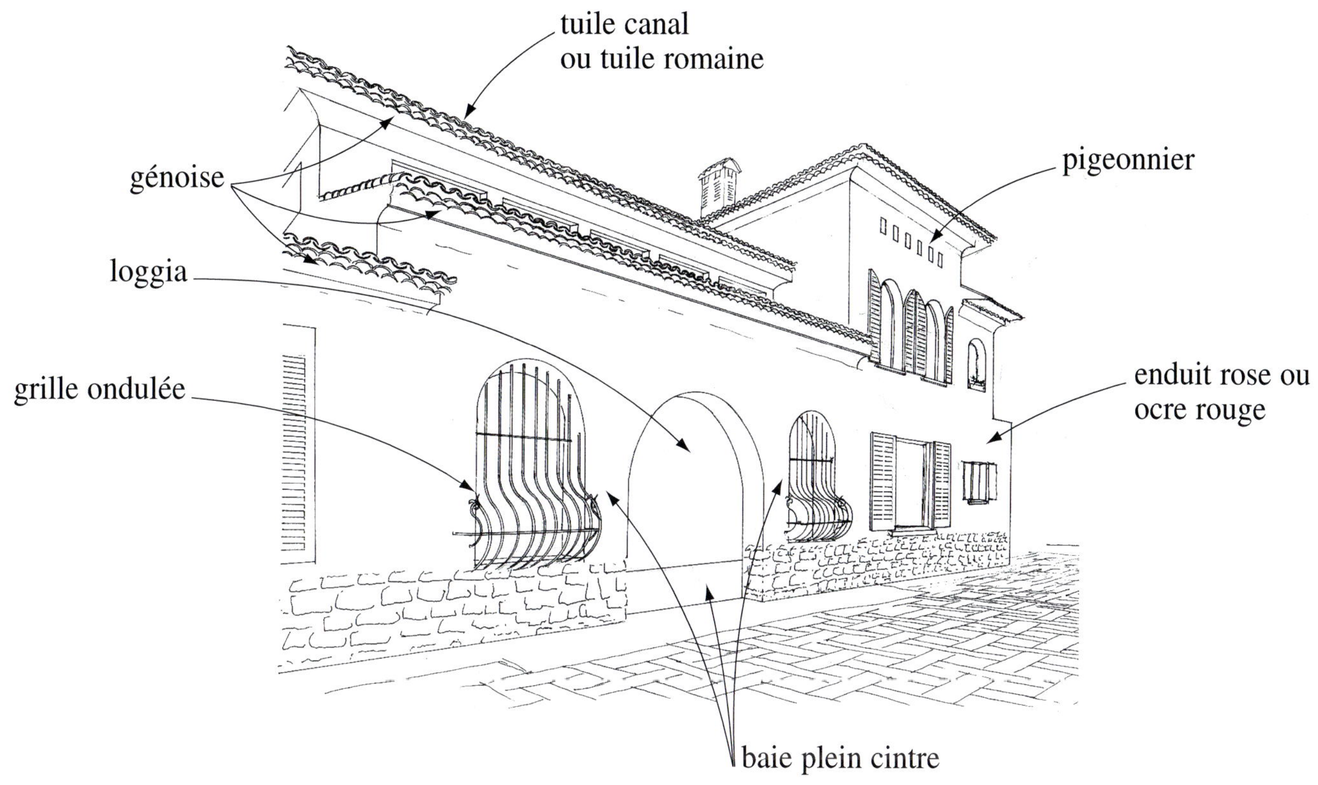

Le style provençal

Ici, les toitures recouvertes en tuile romaine ou **tuile canal** se remarquent par leurs pentes douces et régulières. Le faible débord des toitures est soutenu par des **génoises** (une rangée de tuiles canal en débord évacuant l'eau loin des murs ou plusieurs rangées, suivant les finances du propriétaire). Les murs sont montés en pierre calcaire, car le bois est assez rare en cette Provence. Vers l'Esterel, ils sont recouverts d'un **enduit rose** lie-de-vin. **Arcades** des loggias et voûtes des pièces sont nombreuses au rez-de-chaussée de ces bâtisses. D'inspiration proche de l'Espagne, les ouvertures sont protégées par des **grilles ondulées** en fer forgé. Les murs de clôture sont percés de claustra en tuile canal. Le **pigeonnier**, qui fournit au monde paysan volaille (pigeon) et engrais (fiente), est rarement situé dans une tour, mais plus généralement en haut du pignon sud des villas balnéaires. Les ouvertures triangulaires ou carrées pour les pigeons servent plutôt de ventilation de toiture mais aussi d'imaginaire de campagne, car bouchées la plupart du temps. Nulle part, en presqu'île, on ne trouve les carreaux défensifs en céramique verte autour des ouvertures et sur lesquels glissent les éventuels rongeurs en Provence.

MA PROVENCE (1926 ?)

René Perrey, architecte d.p.l.g.

28, allée Cavalière et 87, avenue du Bois-d'Amour

Cette villa provençale est une commande de Louis Lajarrige. Exposée au sud-ouest, elle est précédée d'une large terrasse abritée par une pergola. Les baies cintrées au rez-de-chaussée et une loggia à l'étage sont protégées par les génoises. Deux pentes de toit en quatre pans couvrent cette bâtisse. Simplicité et économie d'un imaginaire du soleil. La pergola a été transformée en véranda vitrée.

LA GRANDE DUNE (1931)

Georges Meunier, architecte d.p.l.g.

Avenue de Cérès
Immeuble *la Grande Dune*

Cette villa était la plus perchée de La Baule, en haut de la dune d'Escoublac. Meunier, qui employait, un jeune grouillot du nom de Philippe Louis, fut surpris de découvrir, un matin, le projet que ce dernier gratta en « charette ». Présenté au client, le projet fut accepté et réalisé. Le belvédère pigeonnier possédait la vue la plus étendue de la côte (carte postale). Au rez-de-chaussée, une grande véranda prolongeait le séjour et supportait à l'étage un grand balcon-terrasse protégé par un auvent en tuile canal au-devant des chambres. Ainsi au midi de la Bretagne, une architecture de Provence dominait la Plage du Soleil.

LA MARITAYE puis
LE LOGIS SAINT-CLAIR (1926 ?)

Georges Meunier, architecte d.p.l.g.

5 et 7, avenue du Limousin et 10, avenue d'Alsace

Cette grande villa hispano-mauresque de format rectangulaire est implantée au centre d'un grand parc de pins. Les baies plein cintre de la loggia, entre le hall central et la terrasse aux dalles entrelacées, sont protégées par des grilles ondulées, qui comme en Andalousie, permettent une vision latérale tout en restant abrité par le bâti. A l'Est, la tour percée de baies plein cintre et de six trous carrés sous la génoise prend l'aspect d'un pigeonnier, symbolisant ainsi la vie à la campagne.

LA MARITAYE puis LE LOGIS SAINT-CLAIR (1926 ?)

Georges Meunier, architecte d.p.l.g.

5 et 7, avenue du Limousin et 10, avenue d'Alsace

Le jeu de toitures suit le terrain vers l'Ouest et s'en va decrescendo. La terrasse symétrique, ample et ombragée par les pins, avec son dallage d'ardoise et de terre cuite (telle une alliance de la Bretagne et de la Provence) donne à cette villa lumineuse un surprenant caractère majestueux et serein. Assurément l'une des plus belles villas bauloises.

LA MARITAYE puis LE LOGIS SAINT-CLAIR (1926 ?)

Georges Meunier, architecte d.p.l.g.

5 et 7, avenue du Limousin et 10, avenue d'Alsace

Sur la façade est, un escalier extérieur mène, à l'étage, à une véranda belvédère à travers laquelle on accède à un appartement sous le faux pigeonnier. Au Nord de cet escalier, face à l'avenue du Limousin, une large moulure toute de granit taillée encadre la lourde porte d'entrée en bois sculpté.

LA MARITAYE puis LE LOGIS SAINT-CLAIR (1926 ?)

Georges Meunier, architecte d.p.l.g.

5 et 7, avenue du Limousin et 10, avenue d'Alsace

Façade nord, la cour pavée d'opus incertum.

est située à un plan inférieur. La villa s'étage donc sur trois niveaux, selon les déclivités du terrain dunaire. Un autre escalier extérieur, encadré d'ardoises très épaisses, relie le rez-de-chaussée au rez-de-jardin. Cette cour ombragée par le bâti permet une vie plus fraîche en plein été.

CARPE DIEM (M. MESNIER) (1937)

Paul-Henri Datessen, architecte d.p.l.g.

4, avenue de la Loire et avenue des Topazes

Comme un éventail espagnol, cette villa prolonge son espace interne par une véranda tournée au Sud-Ouest et ensoleillée de la fin de la matinée jusqu'au couchant. Le modernisme de l'architecture se lit dans le contraste entre la simplicité des volumes et la fine moulure au-dessus de chaque baie. La chambre à l'Est a été ajoutée peu après la construction. Le caractère provençal est, ici, indiqué par la génoise à trois rangées. Datessen soignait la conception des détails, et en particulier le traitement de la clôture, de l'environnement avec piliers et pergola.

Croquis de l'auteur

SAINT-KIRIEC (1938)

Paul-Henri Datessen, architecte d.p.l.g.

56, rue François-Bougoüin, Le Pouliguen

Croquis de l'auteur

Peu avant sa mort, Datessen réhabilite cette villa conçut par François Bougoüin vers 1873 pour des villégiateurs nantais. Dans un axe Nord-Sud, il l'étend de part et d'autre du pignon (façade sur jardin) et du belvédère (façade sur mer), le long de la côte rocheuse du Penchâteau. Cette villa fut terminée par son chef d'agence, Adellio Ballerini, associé avec l'architecte nazairien Marcel Chaney, qui racheta l'agence de son confrère. Un an après la livraison, la guerre éclata. En 1946, le propriétaire découvrit sa villa entièrement saccagée et dut reprendre tout l'aménagement intérieur pour enfin profiter d'une des plus agréables villas de la Côte d'Amour.

INSPIRATION BASQUE ET LANDAISE

Les plages interminables de sable fin, les forêts de pins, le coucher de soleil au bout de l'horizon... l'imaginaire balnéaire c'est aussi le Sud-Ouest le long des côtes basques et landaises. Puisque les clients en rêvent, les architectes exécutent ! Une villa balnéaire, tout au plus habitée un trimestre dans l'année, est relativement assez onéreuse dans son décor. Aussi, tout comme dans le Sud, les toitures à deux pentes du Sud-Ouest couvertes en tuile mécanique et la volumétrie de l'architecture, plus compacte, sont de fait plus économiques que les styles breton ou normand. Même si la charpente doit déborder sur d'amples consoles et le pan de bois ressortir en façade, il n'est pas d'accident de toiture ou de dur granit à tailler. L'architecture rurale en pays basque se répartit sur les trois régions suivantes : le Labourd sur l'Atlantique, la Basse-Navarre autour de Saint-Jean-Pied-de-Port, et le pays de Soule à Mauléon, dans l'est des Pyrénées-Atlantiques. Les vents d'ouest étant violents, une maison basque ouvre sa façade principale à l'est, dressée en pignon, et protégée par son large débord de toiture qui fait auvent. La base du bâti est symétrique, mais très souvent augmentée d'un appentis qui prolonge davantage l'une ou l'autre pente. Chacune des régions possède ses propres caractéristiques de style, mais les architectes « balnéaires » ont mixé sans souci ceux des deux premières pour mieux ensoleiller l'imaginaire des villégiateurs.

L'ETCHE

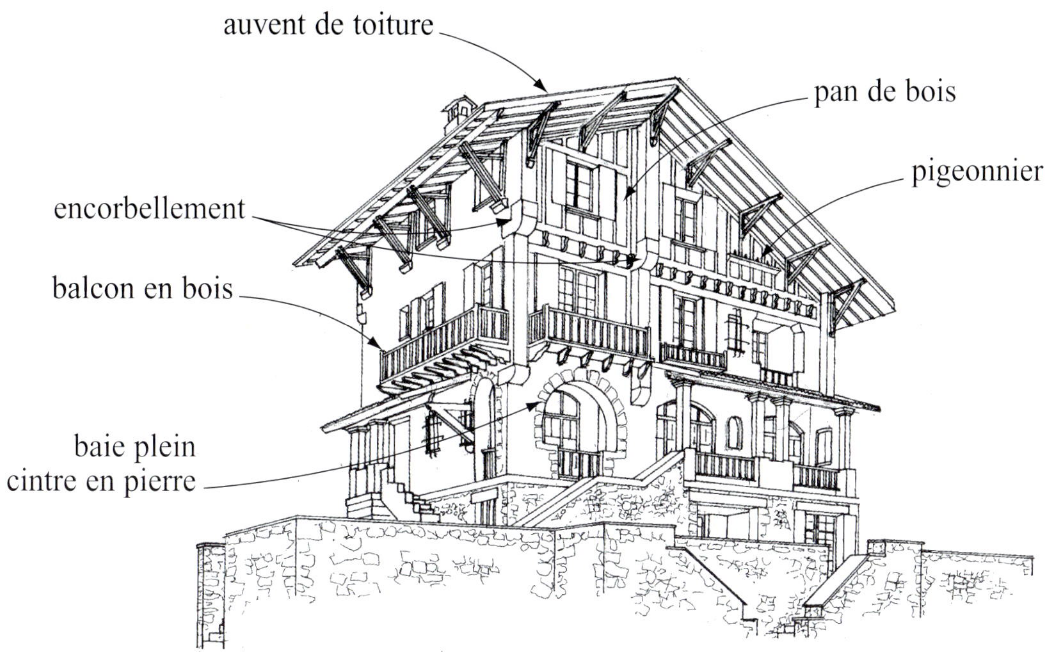

Le style basque et le style landais

Dans le Labourd, la structure en **pan de bois** (colombage) est encadrée sur la façade à l'est par les **encorbellements** des deux larges murs nord et sud. Le pignon de la façade ouest n'est orné que d'un auvent de toiture. En Basse-Navarre, le colombage n'apparaît guère sur la façade, à l'Est, encadrée par les deux murs latéraux qui avancent soit ensemble, soit seul (l'auvent de toiture est alors soutenu par une potence à l'autre extrémité). Seul décor, au rez-de-chaussée, un appareillage de pierres taillées est disposé en éventail autour d'une **baie en plein cintre** et un long **balcon en bois** à **balustres tournés** joint les deux murs sous l'**auvent de toiture**. Dans le pays de Soule, la maison symétrique, sans pignon, et avec sa toiture d'ardoise à quatre pentes, ressemble trop aux maisons urbaines et n'apparaît pas dans le balnéaire. Dans les plaines des Landes, au nord des Pyrénées, les maisons rurales longues, basses, et orientées est-ouest possèdent une structure à pan de bois en pin sur un soubassement en pierre. La toiture couverte en tuile canal est à deux pentes au Nord et au Sud avec une croupe à l'Ouest (dite queue de palombe). L'auvent de toiture d'une ferme de la Grande Lande protégeant le pignon à l'Est et abritant une loggia s'appelle, selon les endroits, *Balet* ou *Estandat*, ou encore *Emban*. Les architectes d'entre les deux guerres joueront sur les mots pour désigner tantôt une villa basque, tantôt une villa landaise, sans vraiment reprendre les caractéristiques de cette architecture logée dans les pins. En fait, avec leur colombage, les fermes landaises ont un air de grange normande recouverte de tuile canal. Quelque trace de ces loggias sur la Côte d'Amour, avec l'appellation landaise utilisée de-ci de-là.

AKTINA (1937)

Paul-Henri Datessen, architecte d.p.l.g.

21, avenue du Maine, 1, avenue d'Armorique et Rond-Point d'Angers

Cette villa est l'une des dernières réalisations de Datessen (avec la réhabilitation de *Saint-Kiriec* en 1938). Le commanditaire avait acheté sur le front de mer la *Villa Rouge*, construite par les architectes Grave et Meunier en 1925. Cette magnifique villa anglo-normande, rebaptisée alors *Rayons de Soleil*, a malheureusement été détruite pour un immeuble en 1998, et ce, lors des Entretiens du Patrimoine ! Gêné par l'incessant bruit des vagues sur le sable, le propriétaire demanda cette fois à Datessen une villa plus au calme et la nomma *Aktina* (du grec *Aktinos* : rayon). L'architecte répondit favorablement à ce client amoureux de la lumière et dessina cette demeure perchée sur une dune, au milieu d'un grand parc axé sur l'avenue des Flandres, afin que l'on puisse mieux voir la mer. De fait, à l'étage Datessen créa un grand balcon-terrasse à l'Ouest et une galerie devant la chambre principale, et au rez-de-chaussée une loggia entre séjour et terrasse, avec à l'intérieur de vastes pièces de réception. Il ajouta de larges débords de toiture pour l'ambiance basque. A l'intérieur, il réalise un escalier non clos et descendant dans le séjour. Toutes les esquisses et les détails sont regroupés dans son fonds aux Archives Départementales de Loire-Atlantique.

LA VILLA BLANCHE (1932)

André Batillat, architecte d.p.l.g.

30, avenue de la Mer et 21, avenue Victor-Hugo
Immeuble *Les Villas Blanches*

André Batillat est un architecte amoureux de la Bretagne et s'engage comme ses confrères baulois, Datessen, Dommé et Grave, dans le mouvement des *Seiz Breur* (les sept frères) créé par Jeanne Malivel et René-Yves Creston. Sur les sables de la Presqu'île guérandaise, il dessine cette villa basque (!...) dont le caractère est appuyé par le pan de bois sous la toiture à deux pentes, bien sûr, mais aussi par l'imposant cintre du porche d'entrée. L'architecte s'autorise à créer cet élément extérieur protecteur qui n'est pas vraiment basque. Au rez-de-chaussée, l'autre façade est ouverte sur le jardin avec une loggia, une grande baie vitrée et un autre porche, plus sobre, pour le service.

Article de la revue : voir annexe n° 4

ETCHE GORRIA (M. PECOT) (1927)

Adrien Grave, architecte d.p.l.g.

48, esplanade Benoît et 2, avenue de la Tourangelle

Certains Baulois se moquaient de Grave et de Meunier en disant d'eux qu'ils peignaient tout en rouge. De fait, les murs de la *Maison Rouge* (traduction basque) ont été « bretonnisés » en blanc et le pan de bois a été verdi ! Cette villa accumule les références : encorbellement des murs gouttereaux, pan de bois, balcon en bois tourné, colonne, tuile canal, et aussi le très large auvent de toiture qui est axé sur le balcon du premier étage. Pour agrandir le panorama sur la mer, les colonnes du rez-de-chaussée ont été supprimées et la véranda a été vitrée. Dans le séjour subsiste encore la monumentale cheminée tant prisée par Grave, avec ses deux énormes vis en bois sculpté de part et d'autre du foyer.

LES OPALES (1930 ?)

Adrien Grave, architecte d.p.l.g.

13, avenue des Opales et 8, avenue de Saumur

La villa *Les Opales* se dresse, superbe, sur sa dune. Grave s'est pleinement amusé avec ce projet perché. Il parsème sur la façade sud quantité d'espaces de transition qui permettent de contempler la mer. Au rez-de-chaussée surélevé : porche d'entrée, loggia, véranda ; à l'étage : balcon et loggia ; au-dessus des combles : un large auvent de toiture. L'effet de belvédère est accentué par l'imposante muraille en moellons de granit avec son jeu d'escalier.

LES OPALES (1930 ?)

Adrien Grave, architecte d.p.l.g.

13, avenue des Opales et 8, avenue de Saumur

L'escalier des « étrangers » à la villa est recouvert du même enduit à relief horizontal que la façade. Abrité par un large porche, il mène à la porte d'entrée. L'escalier des « familiers » se fond dans le soubassement en moellons de granit et passe sous la loggia du rez-de-chaussée pour attendre directement la grande véranda. Être étranger au cercle familial et emprunter cet escalier réservé aux familiers serait quelque peu cavalier sans montrer patte blanche.

LES OPALES (1930 ?)

Adrien Grave, architecte d.p.l.g.

13, avenue des Opales et 8, avenue de Saumur

Le jardin ceinturé d'une pergola (sur la photographie, chaque poteau possède à sa base un pied de végétation) disposait d'une grotte antre dans la muraille de soutènement et d'un bassin en son centre. L'ambiance « source de vie » des jardins du XVIIIe siècle est encore vivace deux siècles plus tard. Mais ce siècle, malheureusement envahi d'automobiles, a évacué, sans état d'âme, tout le jardin et ses pergolas pour un terre-plein couvert en été d'un bouquet de carrosseries diversement colorées !

LES OPALES (1930 ?)

Adrien Grave, architecte d.p.l.g.

13, avenue des Opales et 8, avenue de Saumur

En 1930, du haut de la véranda, le panorama laisse entrevoir, à contre-jour, dans l'angle du boulevard de mer et de l'avenue Victor-Hugo, deux villas esseulées : la villa *Le Mas* (Paul-Henri Datessen, architecte, 1926), à l'Est, et à l'Ouest, sur le boulevard, *Soleia* (Georges Meunier, architecte, 1930). Autour de la villa, un défilé de clôture cadre les parcelles tout en s'alignant le long des avenues.

MAÏTENA (M. LE PETIT) (1925 ?)

Adrien Grave, architecte d.p.l.g.

5, avenue de la Voie Lactée et 10, avenue des Pléïades

Cette villa filant le long de cette étroite parcelle est coupée horizontalement par son large auvent (disparu), séparant ainsi les combles du rez-de-chaussée surélevé. Deux escaliers avec garde-corps à redent (comme dans le style breton) mènent du rez-de-jardin avec chambres à l'entrée de l'habitation, à l'Ouest, et à la véranda du séjour, au Sud.

MAÏTENA (M. LE PETIT) (1925 ?)

Adrien Grave, architecte d.p.l.g.

5, avenue de la Voie Lactée et 10, avenue des Pléïades

Grave aimait aussi travailler le porche de clôture car cet élément marque, pour un quidam se promenant dans l'avenue, non pas le passage d'une barrière ceinturant la parcelle mais la pénétration dans un monde appelé « villa ». Franchissant d'emblée cette barrière, ce quidam des avenues et des allées (il n'y a pas de « rue » à La Baule, terme trop urbain) change alors de statut et se retrouve immergé dans une ambiance ensoleillée et conviviale.

LE PATIO (1941)

Adrien Grave, architecte d.p.l.g.

2, avenue Alexandre-Dumas et 1, avenue Jules-Sandeau

Grave, qui joue fort bien des formes et des styles, dessine, pendant la guerre, une villa très étalée sur deux niveaux. Si le pignon principal est totalement symétrique, la dissymétrie est déployée dans les deux avant-corps, dont celui au Sud est plus long. Une série de trois baies en plein cintre délimite la terrasse et rejoint l'avant-corps nord. A cette époque, par suite de la restriction imposée par l'occupant, les architectes étaient seulement autorisés à édifier des garages. Plutôt vastes et couverts de toitures-terrasses, ces derniers furent transformés après la guerre en sous-sols de villas interdites de construction durant le conflit.

SOLENEA (1926 ?)

Paul-Henri Datessen, architecte d.p.l.g.

4, avenue de Lorraine

Solenea, proche de l'allée Cavalière, s'inspire d'une ambiance landaise avec ses deux pans de toiture en tuile et sa longue poutre (en béton !) au-devant de la véranda. Datessen rompt la toiture en deux parties pour ne pas couvrir d'un seul tenant un volume trop important et joue de la dissymétrie pour casser le long linéaire de façade. Une villa, à l'instar d'une ferme, est une collection de petits volumes que l'on veut croire édifiés au fil du temps et non une masse symétrique réalisée d'un seul coup, comme un château d'apparat.

BEJAMI puis ABJAMICO (1926 ?)

Adrien Grave, architecte d.p.l.g.

1, avenue de Carnac et 20, avenue d'Ouessant

Annoncée dans les dépliants publicitaires du lotissement comme une habitation balnéaire, cette villa contraste par son volume plutôt lourd avec les fermes landaises à auvent et loggia. Exposée au Sud et non à l'Est, la façade de cette villa est ornée d'un pan de bois assez « aéré » et de boulins de pigeonniers tant au Sud qu'à l'Ouest. Les murs gouttereaux en avant-corps de la façade sud sont armés de contreforts au sol, pour affirmer le caractère solide et trapu d'une maison de campagne.

BEJAMI puis ABJAMICO (1926 ?)

Adrien Grave, architecte d.p.l.g.

1, avenue de Carnac et 20, avenue d'Ouessant

Le pignon ouest sur l'avenue d'Ouessant est décoré d'un semblant de pignon avec les deux conduits de cheminée qui encadrent, tels des murs gouttereaux, un pan de bois. A l'Est la façade, mitoyenne et très simple, est seulement ornée de l'escalier d'entrée et de deux corbeaux en maçonnerie. Grave se joue des poncifs basques pour dessiner cette villa landaise aux yeux de son commanditaire Louis Lajarrige. Ce dernier, pour bien lancer le lotissement, à la manière de Jules-Joseph Hennecart, en 1880, fait bâtir plusieurs villas directement et les vend clefs en main. Les premiers acheteurs sont en fait... les entrepreneurs qui réalisent La Baule-les-Pins !

BEJAMI puis ABJAMICO (1926 ?)

Adrien Grave, architecte d.p.l.g.

1, avenue de Carnac et 20, avenue d'Ouessant

Acquérir une villa est une chose importante dans la vie d'un couple, car cet objet architectural abrite et protège la famille. Pour bien marquer sa propriété, chacun y projette son identité. Lors de l'achat de cette villa, les propriétaires avaient trois enfants **A**bel, **Ja**cques et **Mi**chel, puis **Co**lette est arrivée... agrandissant tant la famille que le nom !

LA LANDAISE (1929 ?)

Georges Meunier, architecte d.p.l.g.

7, avenue Alexandre-Dumas

A La Baule-les-Pins, une villa landaise tire aussi son caractère du basque. Meunier, comme ses confrères, s'amuse des poncifs, et mélange la structure dissymétrique d'une villa et le style architectural désiré par le commanditaire. Il partage ainsi l'avant-corps sous un rampant de toiture et le retour sous l'autre rampant.

Le *Ville d'Oran* quittant Marseille.

La chapelle *Notre Dame de Santa Cruz*.

L'OUTREMER et AUTRES IMAGINAIRES 1920-1939

Les migrateurs solaires que sont les villégiateurs fuient les villes congestionnées et polluées pour se gorger de mer et de lumière, d'iode salé et de photons chauffés. Sur la Côte d'Amour, les façades de l'architecture balnéaire poursuivent cette quête d'air clair et lumineux en s'inspirant des styles basque ou provençal. Dans les années 30 après ses vacances en France, René Perrey retournait à Oran. Il quittait Marseille avec sa famille sur l'*El Mansour*, le *Ville d'Alger* ou le *Ville d'Oran* pour 36 heures de traversée. C'était un grand plaisir pour la petite Jeanine d'accompagner son père, sur de gros paquebots bougonnant à longueur de temps. En approchant d'Oran, tous les passagers cherchaient du regard la chapelle *Notre Dame de Santa Cruz*. Mais le plaisir était encore plus fort d'apercevoir *Notre Dame de la Garde* en revenant à Marseille : « la France retrouvée ». Pour les Perrey, ces bateaux qui reliaient l'Afrique du Nord, lieu de travail et de résidence, au continent, terre de racines et de vacances, poussaient leur bonheur sous pression comme la vapeur dans la chaudière. Repérer ces églises, servant d'amers dans le profil des côtes, libérait la soupape visuelle par où s'échappait ce bonheur. Bateau, paquebot, quai, traversée, mer, océan, colonie... vecteurs de bonheurs. Pourquoi, alors, ne pas traduire dans ce bel art qu'est l'architecture ces délicieuses émotions des voyages maritimes vers ces terres vierges toutes ensoleillées ?

INSPIRATIONS DIVERSES

Villas sans référence géographique

Ces deux villas présentent une architecture particulière et peu usitée dans ce domaine balnéaire. Il s'agit d'abord d'une villa qui arbore l'aspect d'un petit château symétrique juché sur sa dune, tout comme sur une motte castrale. Les premières villas du Bois d'Amour ont été dessinées comme autant d'essais de style architectural. Celle-ci se démarque justement des autres par sa symétrie tout en utilisant un vocabulaire propre à la nouvelle architecture de l'époque (enduit relief, bow-window). L'autre villa, construite pour un entrepreneur souhaitant « avoir pignon sur rue » à La Baule-les-Pins, reprend sur ses façades les éléments de la majorité des villas (pignon en avant-corps, bow-window), mais traite chaque façade sur rue de manière identique par une symétrie dans l'angle de la construction (très rare). Ces deux villas, sans référence géographique marquée, prolongent leur séjour par une terrasse mais n'ont pas de balcon pour agrandir l'étage. Symétrie urbaine et influence régionaliste, cet apparat champêtre est-il le prémisse du style *bourgeois-gentilplouc* (plouc : villageois breton) plaqué en ce début de millénaire pour « faire balnéaire » sur le couloir d'immeubles, sans arbre ni jardin, s'érigeant avenue du Maréchal-de-Lattre-de-Tassigny et rompant ainsi l'échelle de la station.

Le style hollandais ou nordique

La troisième villa présentée dénote un caractère hollandais avec, au centre, son pignon découvert aux rampants moulurés, et sa toiture à trois pentes : le terrasson (pente douce en haut de toiture), le brisis (pente raide jusqu'aux murs) et les coyaux (pente douce en débord de toit). Outre l'hôtel *des Palmiers*, l'architecte parisien Fernand Colin dessine pour la *Société Générale Foncière* une villa qu'il intitule « villa hollandaise » sur les plans. Elle comprend cette toiture à trois pentes et se situe juste au nord d'*Edgarley*, à l'angle de l'allée Cavalière et de l'avenue de Chenonceaux. Mais parfois, certaines villas couvertes de la sorte sont qualifiées d'anglo-normandes, dont celles d'Adrien Grave, dans les ré clames de la *S.G.F.* Dans cette période d'entre-deux-guerres plutôt cocorico, est-ce pour bien célébrer l'esthétique française ?

LE RENDEZ-VOUS DE CHANTIER

EDGARLEY (1926 ?)

Joseph Aurieux, architecte

21, allée Cavalière

Joseph Aurieux s'installe en 1924 près de la gare de La Baule puis part à Pornichet vers 1928. C'est là qu'il dessine *Edgarley*. Curieux aspect pour cette villa-castel où deux tours à bow-window encadrent une baie plein cintre. Recouvert comme ses voisines d'un enduit relief qui lui donne une moderne rusticité, ce petit château se retrouve bien esseulé dans son style par sa symétrie dominatrice. Faut-il considérer ce mélange d'enduit rustique et de symétrie châtelaine comme la version Art Déco d'un style classique à l'influence champêtre en 1930 ? !

LA RIGAUDIÈRE (1925 ?)

René Perrey, architecte d.p.l.g.

2, avenue d'Alsace et 15, avenue du Maine

En 1939, Marcel Rigaud est élu maire de La Baule après le départ houleux de Louis Lajarrige, fondateur du lotissement de La Baule-les-Pins. Douze ans plus tôt, avec ses ouvriers, il arrivait de Sedan, où il dirigeait une entreprise de construction. Il se lie d'amitié avec l'architecte René Perrey, qui lui dessine une villa élancée et cerclée d'une corniche sous toiture mais sans perdre cet aspect campagnard avec moellons de granit. A peine réalisée, la première Rigaudière sur la gauche de la photo (4, avenue d'Alsace) bouleverse un villégiateur qui l'achète immédiatement à Rigaud. Ce dernier redemande alors à son architecte une nouvelle villa à l'angle des deux avenues. Perrey conçoit une villa de plan carré avec, en avant-corps sur chaque façade, un pignon recouvert d'une croupe. Sur chacune des avenues la villa est donc dissymétrique, mais le « coup de patte » de l'architecte consiste à créer un pilier à redents dans l'angle du carrefour. Il y loge alors un axe de symétrie passant par la diagonale du plan, qui donne ainsi un petit air majestueux à cette villa à la campagnarde modernité. La verticalité des pignons est cassée par un auvent qui sépare les deux niveaux. Ni bretonne, ni normande, ni même classique, cette construction ramassée et sans balcon offre un nouveau style plus contemporain des années 30.

LA CROIX SAINT-CLAIR (1933)

Paul-Henri Datessen, architecte d.p.l.g.

1, avenue Alexandre-Dumas et 2, avenue René-Guy-Cadou

Cette villa, plutôt massive et centrée sur son pignon exposé au Sud-Ouest, n'adopte pas les formes « traditionnelles » des villas de la Côte d'Amour (pignon en avant-corps et retour). Mais la rotonde offre la transition tant recherchée au dehors de la villa par ses trois baies vitrées qui disparaissant en descendant dans les murs. Au nord de cette rotonde, une porte-fenêtre mène à la terrasse extérieure et un petit escalier discret descend au jardin. Le porche d'entrée de la villa se loge sur la façade sud-est et le garage et les logements du service sont repoussés au Nord-Est de la parcelle.

TURICIA (1938)

Louis Duhayon, architecte d.p.l.g.

37, 38, 39, boulevard de l'Océan
Immeuble *La Duchesse Anne*

Louis Duhayon est architecte à Paris et travaille en association avec Julien (de l'agence Lefèvre et Julien, puis Julien et Duhayon). Ils conçoivent de nombreux immeubles et hôtels (*Royal-Monceau* à Paris, *Miramar* à Biarritz) et le sanatorium de Hauteville dans l'Ain. En vacances à La Baule, au cours d'une partie de tennis au Sporting de La Baule-les-Pins, Duhayon rencontre son client, directeur du Crédit Suisse, et lui dessine cette imposante villa aux allures d'énorme chalet suisse sur le front de mer de La Baule-les-Pins et dont le nom signifie Zurich en latin (*Turicum*). La haute toiture descend en croupe sur le pignon coupé et un large débord de toit protège la loggia au deuxième étage.

TURICIA (1938)

Louis Duhayon, architecte d.p.l.g.

37, 38, 39, boulevard de l'Océan
Immeuble *La Duchesse Anne*

Pour profiter pleinement du spectacle marin tout en étant protégé des embruns par de grande portes-fenêtres à plein cintre, une vaste véranda à l'ouest de la villa est exposée plein sud face à l'océan. Sa toiture est couverte par un très long balcon-terrasse terminé par un mur en mitoyenneté. En retour de la véranda, une pergola s'appuie sur le mur mitoyen prolongé. Pergola, véranda et villa forment ainsi une cour carrée abritée des vents dominants et très ouverte sur un grand jardin déployé au nord de la villa.

INSPIRATION COLONIALE

L'architecture balnéaire poursuit cette quête d'air clair en reproduisant sur les façades basque, provençale, espagnole, italienne un style plus ensoleillé qu'en Bretagne.
Or, plus au sud encore, brille en fait à longueur d'année un autre soleil ! Passé la Méditerranée, dans les départements d'Alger, de Constantine et d'Oran, dans les protectorats du Maroc et de Tunisie... les migrateurs solaires débarquent toujours en France. En 1930, hors de la métropole, ces Colonies sont aussi des territoires français dont la conquête démarra un siècle plus tôt. D'ailleurs à Casablanca au Maroc, la rue de La Baule coupe à angle droit l'avenue de Nantes dans le quartier Anfa non loin de la corniche d'Aïn Diab le long de l'océan atlantique.

LA CARRIOLE DU MAÇON

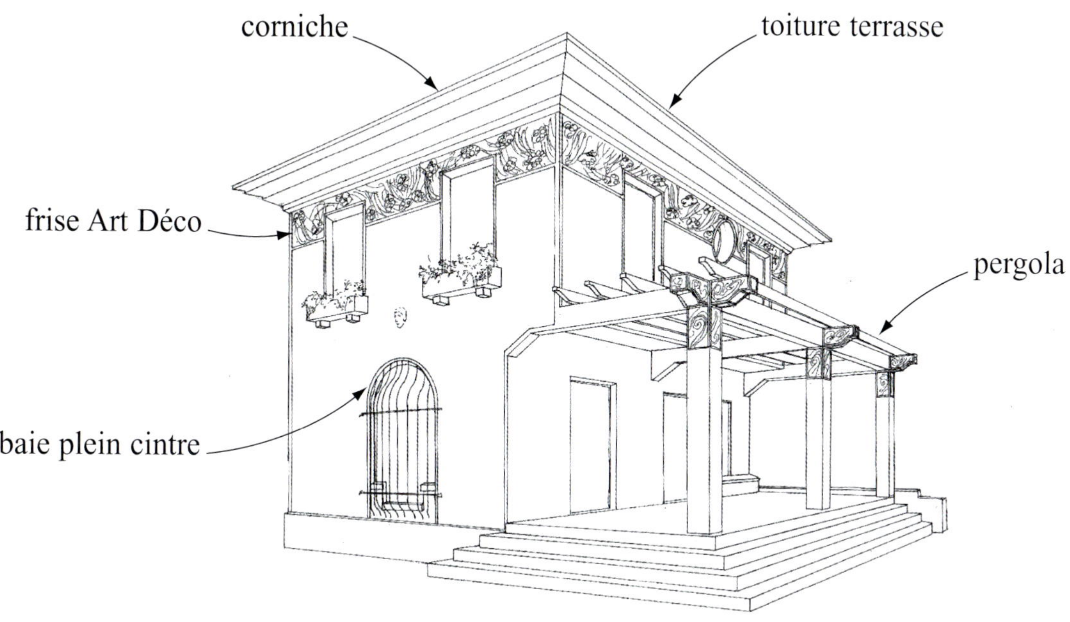

Le style colonial

Si les maisons traditionnelles dans une médina d'Afrique du Nord sont conçues et centrées sur un patio, sur la Côte d'Amour, les villas balnéaires de style colonial sont distribuées de manière occidentale : orientées vers l'extérieur, parées d'une esthétique inspirée de l'Afrique du Nord et souvent enjolivées de graphisme Art Déco. Sous ces latitudes, les murs de pierres ou de briques sont recouverts d'**enduit blanc** à la chaux près des rivages de la Méditerranée, mais aussi **beige crème** ou **ocre rouge**, comme à Marrakech. Faute de bois ou de béton, les **baies plein cintre** sont formées par l'assemblage bloquant d'une multitude de briques ; les **toitures terrasses** sont écrasées de soleil et les Européens les cernent de **corniches parasols** (brise-soleil) ; la **fontaine**, symbole de vie, rafraîchit le hall d'entrée, qui joue le rôle du **patio**. Ce style architectural est le plus ensoleillé de l'imaginaire balnéaire de l'entre-deux-guerres. Un peu oublié des historiens de l'art, ce « régionalisme exotique » est très présent sur la Côte d'Amour. En 1929, dans une page de réclame de *l'Illustration* pour le lotissement de La Baule-les-Pins, la *Société Générale Foncière* annonce pudiquement que ces villas possèdent un style *provençal à cachet mauresque*. Alors, ce soleil des vacances, est-il sudiste ou très sudiste, espagnol ou nord-africain ?

KER MARTINE (1925)

Georges Meunier, architecte d.p.l.g.

1, avenue de Berry et 2, avenue de Lorraine

La toute première villa de l'album de La Baule-les-Pins, publié par la *Société Générale Foncière*, est dessinée par Georges Meunier dans un style non pas breton mais colonial d'Afrique du Nord. *Ker Martine* (prénom de sa fille), précédée de sa pergola, sera reproduite, avec variante, en divers endroits. Ce sont *Lou Miradou* (7, avenue Alfred-de-Musset), *Rio Négro* (15, avenue des Saphirs), *Marzette* (5, avenue Huelgoat et 2, avenue Hoëdic). Mais aussi *Les Micocoules* avec son associé Adrien Grave (17, rond-point de Rennes et 18, avenue de Ploërmel) : sur la même base, Meunier ajoute une toiture en tuile canal sur les terrasses et transforme ainsi la coloniale en provençale !

L'OURIDA (1926 ?)

René Perrey, architecte d.p.l.g.

4, avenue de Chambord

L'Afrique du Nord inspire à René Perrey la villa *L'Ourida*, simple, sobre et exposée au nord. Cette contrée l'inspire tant qu'en 1930, craignant les futurs dégâts de la crise de 1929 (surtout ressentie en 1936 dans la presqu'île), il quitte La Baule pour prendre le poste d'architecte du gouvernement général d'Algérie, après avoir réussi le concours administratif, sur les conseils de son beau-frère et confrère, nommé au même poste à Alger.

CORINNE puis DAUPHINE (1924 ?)

René Perrey, architecte d.p.l.g.

75, avenue du Bois-d'Amour et avenue de La Mer

Avec *Corinne* (face à l'anglo-normande *Elmonic*), René Perrey enjolive ce style colonial d'une touche d'Art Déco. Il affine la corniche par trois strates, déroule en dessous de celle-ci une frise de fleurs et ratisse régulièrement l'enduit sur tous les murs. Au-dessus de la fenêtre plein cintre et de sa grille ondulée, il ajoute enfin une tête de femme coiffée à la garçonne. Les têtes de femme sont très rares sur la côte. Le haut des poteaux et les bouts de poutre de la pergola sont ornés des mêmes fleurs Art Déco. Il est assez dommage qu'au rez-de-chaussée et à l'étage, l'encorbellement sur la terrasse et la pergola sculptée aient été phagocytés par une extension de surface habitable peu respectueux de l'espace transitionnel.

DJENINA puis NELLY NICOLE (1926)

Paul Metz et Étienne de Kalbermatten, architectes d.p.l.g.

8, avenue d'Ouessant et 1, avenue Huelgoat

Originaires de l'Est de la France et de la Suisse, Paul Metz et Étienne de Kalbermatten sortent ensemble de l'atelier de Gustave Umbdenstock, à l'École nationale supérieure des Beaux-Arts. Ce dernier, aussi

professeur d'architecture à l'École polytechnique, est un grand admirateur du peintre Mathurin Méheut, dont le graphisme, fait de carrés, de triangles et de ronds l'inspire pour ses cours sur les formes architecturales.

DJENINA puis NELLY NICOLE (1926)

Paul Metz et Étienne de Kalbermatten, architectes d.p.l.g.

8, avenue d'Ouessant et 1, avenue Huelgoat

Suivant ces principes graphiques, ces deux Parisiens dessinent *Djenina* (ou Jenin, village au nord-ouest de la Cisjordanie). Par sa symétrie, tel un château, elle impose sa présence sur la place de Rhuis. Mais par son jeu de terrasses (loggia, balcon, solarium) à différents niveaux, elle tente de réaliser une osmose avec le couvert végétal des pins entre le ciel et son jardin. Vivre et habiter dehors... à la méditerranéenne !

MALAURE (1927)

Adrien Grave, architecte d.p.l.g.

85, boulevard de l'Océan
Immeuble *Gauguin*

Aspectant l'Océan et colorée en lie-de-vin (en sombre sur la photo), cette villa a été dessinée par Adrien Grave dans un style Art Déco – colonial pour M. Malauré (actionnaire de la *Société La Construction moderne de La Baule-les-Pins*). Dans cette architecture, il énumère une partie du vocabulaire balnéaire. Sur deux travées et deux niveaux, il place ainsi quatre éléments sur la façade Sud. A l'Ouest du rez-de-chaussée, la porte d'entrée est encadrée par deux pilastres se terminant en consoles sous le balcon, qui sert alors d'auvent, puis à l'Est, une loggia est surplombée par un oriel qui en prolonge ainsi la protection. Au-devant de la loggia, une terrasse au garde-corps bombé domine le jardinet, duquel on sort vers le boulevard en passant sous une pergola de clôture. Tout en haut, une longue pergola ceinture la toiture - terrasse - solarium - belvédère, ainsi que le balcon surmontant l'oriel. La « modernité » (des années 1920-1930) de cette villa s'exprime par la disparition du traditionnel pignon en avant-corps mais, dissymétrie oblige, la ligne verticale loggia - oriel - balcon - pergola le substitue !

INSPIRATION INTERNATIONALE

Sans pan de bois ni moellons, ce style se démarque de la facture régionaliste, si présente entre les deux guerres sur la Côte d'Amour, par l'épuration totale du décor appliquée sur sa structure. Bien qu'il conserve les façades d'une villa dissymétrique et en utilisant le même vocabulaire architectural pour la transition vers le jardin, les touristes voient dans cet assemblage de cubes lisses façades lisses et nus une stricte et sèche économie de la construction, plutôt que de ressentir une calme harmonie de volumes jouant sur les pleins et les vides. Vers 1935, l'architecte Mallet-Stevens fustigea, dans la revue l'*Architecture d'Aujourd'hui*, ces reproches adressés aux architectes sur la nudité décorative des façades, et conséquemment, en villégiature, l'absence d'imaginaire géographique inscrit dessus, comme cause aggravante du chômage !

A La Baule, dans les dépôts de permis de construire, le creux de la vague de la crise de 1929 se situe en 1936.

LE CHANTIER

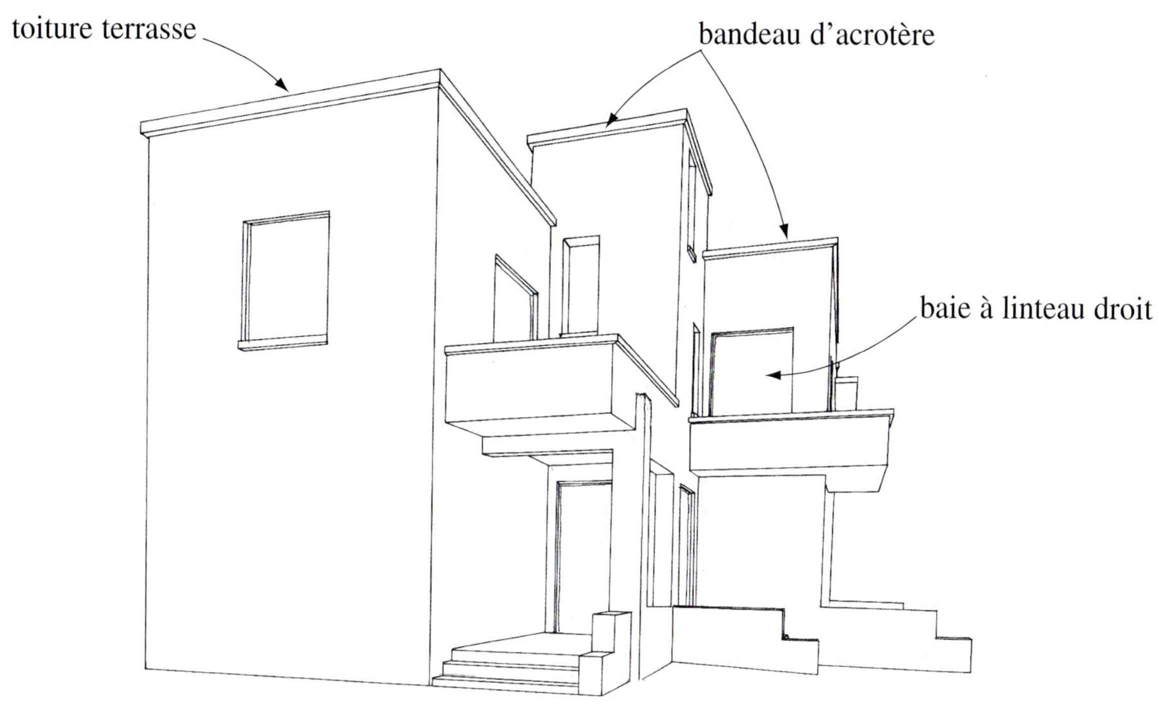

Le style international

Les « cubes » à **toiture terrasse** sont uniquement surlignés par un fin **bandeau d'acrotère** et les **baies** sont surmontées de **linteau droit** et non cintré. Sur la Côte d'Amour, ce style ne suscita aucun engouement, car il n'arborait aucun décor floral symbolisant l'énergie croissante de la vie et que le villégiateur, usé par la ville, vient inconsciemment chercher.

YVES-MICHEL puis LA COLLINE (1929)

René Perrey, architecte d.p.l.g.

7, avenue du Maine

« Connaissez-vous sur la colline,
qui joint Mont-Lignon à Saint-Leu,
Une terrasse qui s'incline
Entre un bois et le Ciel bleu ? »

Ce poème de Victor Hugo inspira aux deuxièmes propriétaires l'appellation de la villa.

YVES-MICHEL puis LA COLLINE (1929)

René Perrey, architecte d.p.l.g.

7, avenue du Maine

Avec *Yves-Michel*, René Perrey donne de belles proportions à ces simples volumes, mais il affranchit cette villa de tout décor végétal. Mais ce style architectural, ainsi dépouillé, fait un flop à La Baule. Or cette novation stylistique reste pourtant dans la lignée de la maison de campagne rationnelle fondée sur l'économie. L'avant-corps à l'Est abritant le séjour, s'ouvre par deux larges portes-fenêtres sur une vaste terrasse. La tour d'escalier, au centre, est reliée à l'avant-corps par un balcon avec jardinière. Cette tour est surmontée d'un petit local belvédère à travers lequel on accède à la toiture-terrasse. A l'étage, la chambre de maîtres, à l'Ouest de cette tour, se prolonge vers le jardin par un large balcon terrasse qui fait office de porche véranda au rez-de-chaussée, protégeant ainsi l'entrée de la villa.

YVES-MICHEL puis LA COLLINE (1929)

René Perrey, architecte d.p.l.g.

7, avenue du Maine

La structure et le vocabulaire architecturaux sont donc les mêmes que les autres styles balnéaires. Cependant, avec un décor sans support géographique clairement affiché, les touristes, commanditaires de villas, ne souhaitent pas s'embarquer vers un imaginaire puriste non identifié au fond de leurs souvenirs. *Yves-Michel* demeure donc une avant-garde esseulée et néanmoins superbe sur la Côte d'Amour !

INSPIRATION PAQUEBOT

Durant les années 30, le plus sûr moyen pour rejoindre les colonies ou d'autres parties du globe consiste à s'embarquer sur un paquebot. Saint-Nazaire assure les liaisons avec Londres en un jour et demi, les Antilles en 10 jours, Cayenne, Panama et Vera Cruz (Mexique) en 18 jours. Ce mot paquebot provient de la contraction de l'anglais *paquet boat* : navire transportant des paquets. Pour autant, tels des ambassadeurs, ces navires portent dans leur décoration intérieure le luxe et l'art de vivre français sur les côtes étrangères. Moult fêtes d'apparat y sont données pour occuper les croisiéristes lors des longues traversées. Après la construction de la villa *Anto - La Corvette* avec ses confrères rémois Margotin et Roubert, Adrien Grave, artiste très fantasque, propose à sa clientèle un imaginaire empli d'évasion, avec ce style, qu'il invente lors de la construction, à Saint-Nazaire de 1928 à 1932, du paquebot *Normandie* lancé en 1935. En effet, le balnéaire c'est aussi un panorama sur l'océan et Grave offre à ses clients d'être commandant d'un navire planté dans une mer de sable mais en perpétuel voyage sur l'océan de leurs fantasmes nourris d'espaces et d'horizons... « L'ensemble de la terrasse avec le bar et bains de soleil rappelle étrangement le Deck d'un paquebot, et un soir d'été en voyant devant soi l'immense baie, l'illusion est complète » (article pour la villa *Cybèle*).

- MODERNISME ?
- MIEUX, AVANT-GARDE !

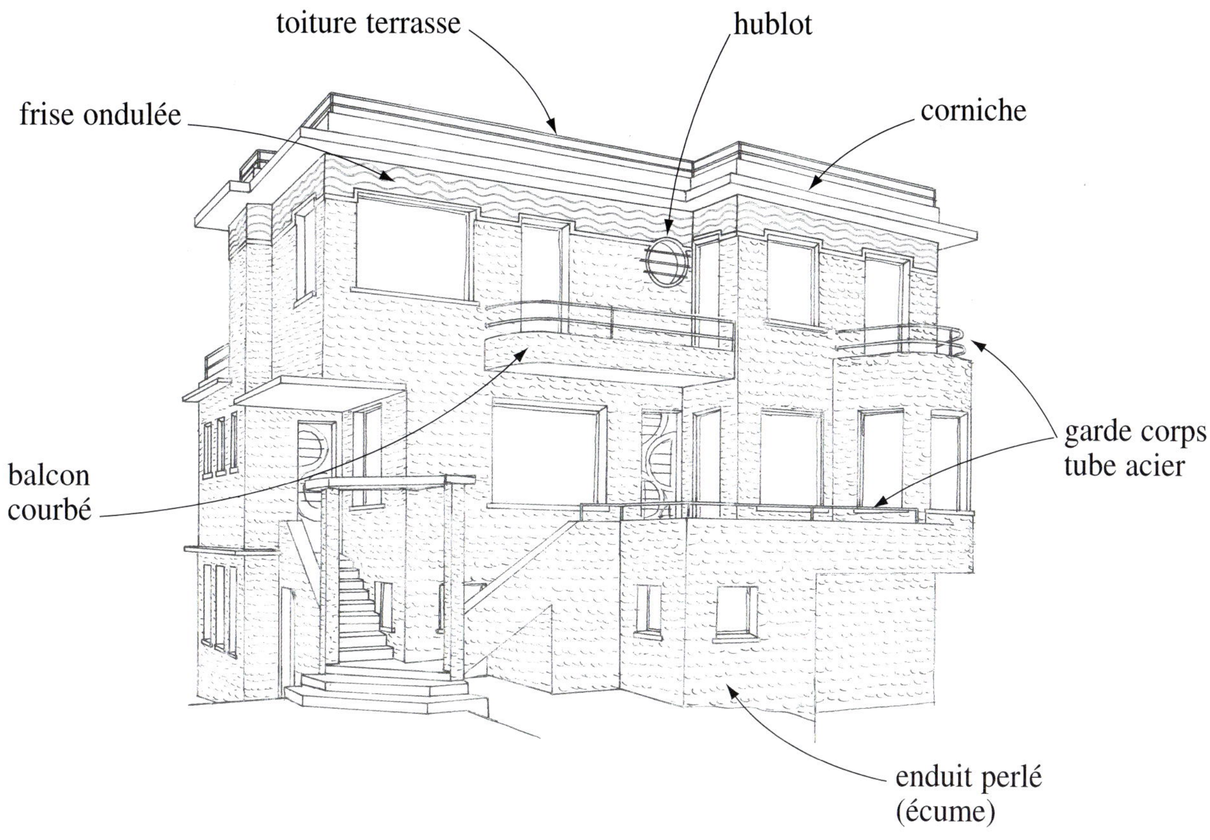

Le style paquebot

Sur une base coloniale (**toiture-terrasse** et **corniche**), Grave ajoute un décorum inspiré de l'architecture navale (**hublot**, **garde-corps en métal tubulaire**, **frise ondulée**), et il recouvre les murs d'un **enduit perlé** caractéristique qu'il teinte soit de beige, soit d'ocre rouge, à l'image des architectures locales que l'on découvre au bout du voyage. Il réalise ainsi une quinzaine de villas paquebot à La Baule. Trois de ses navires voguent dans d'autres ports de l'Atlantique : à La Rochelle, il dessine les villas *Les Magnolias* (ex-*Flore*, 13, avenue de la Porte Royale) et *Maël* (club de bridge, au 60, avenue Edmond-Grasset) mais aussi à Saint-Nazaire, l'école Boris-Vian (24, rue du commandant Gustave-Gaté).

46ᵉ Année
N° 39

LA CONSTRUCTION MODERNE

REVUE HEBDOMADAIRE D'ARCHITECTURE

28 Juin
1931

Photo Daniel Chacun.

Villa à La Baule-les-Pins : Adrien Grave, Architecte.
(Voir page 610).

46ᵉ Année. — N° 39.

Article de la revue :
voir annexe n° 5

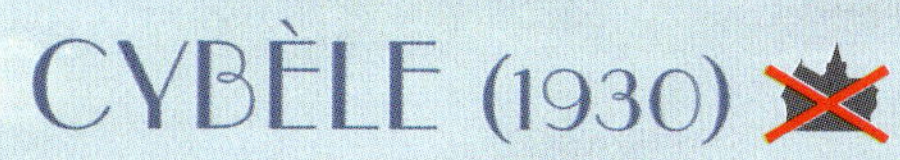

CYBÈLE (1930)

Adrien Grave, architecte d.p.l.g.

1, avenue Hoedic et 3, avenue Huelgoat
Immeuble *Cybèle*

Sur la couverture de la revue *La Construction Moderne*, la villa apparaît dissymétrique. C'est pourtant l'une des rares architectures symétriques que Grave dessine à cette occasion. Telle le « château » avant d'un paquebot, elle se présente bardée de passerelles sur quatre niveaux (toiture comprise). Ses oriels, de part et d'autre du rez-de-chaussée surélevé, agrandissent l'espace intérieur, où se déroulent les fêtes en robes longues et smoking. A l'étage, les balcons au-dessus de ces oriels prolongent la « passerelle du commandant », sur laquelle ce dernier surveille les statiques mouvements de son navire sur un océan de sable !

CYBÈLE (1930)

Adrien Grave, architecte d.p.l.g.

1, avenue Hoedic et 3, avenue Huelgoat
Immeuble *Cybèle*

Les garde-corps en tube métallique et non plus en bois sculpté protègent les voyageurs se promenant sur les coursives. Le plan incurvé renforce sur les terrasses le sentiment protecteur d'accueil et de sécurité. Le large escalier central accédant au rez-de-chaussée surélevé augmente la monumentalité de la villa.

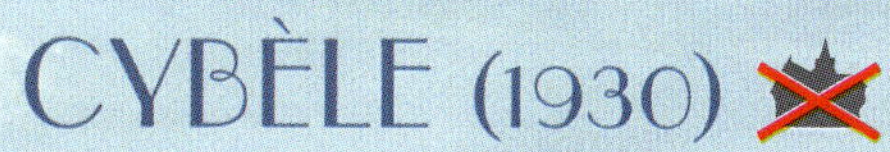

CYBÈLE (1930)

Adrien Grave, architecte d.p.l.g.

1, avenue Hoedic et 3, avenue Huelgoat
Immeuble *Cybèle*

Le phénomène panoramique est amplifié par l'espace multifonction créé tout en haut de la villa avec la toiture-terrasse - bar - salon - solarium - vigie - belvédère qui permet tout à la fois de se désaltérer entre amis, d'être hâlé par quelques rayons ultraviolets (très à la mode) tout en étant happé par la contemplation de l'admirable baie (sur la photo). *Cybèle* et *Djenina* (autre rare villa symétrique mais d'inspiration coloniale) sont implantées dos à dos, tout à l'Est du lotissement de La Baule-les-Pins.

CYBÈLE (1930)

Adrien Grave, architecte d.p.l.g.

1, avenue Hoedic et 3, avenue Huelgoat
Immeuble *Cybèle*

Le grand escalier du jardin mène dans le hall d'entrée au travers d'un porche loggia au centre de la terrasse du rez-de-chaussée surélevé. Face à l'entrée, deux colonnes Art Déco encadrent une fontaine florale à trois plateaux au centre d'une sorte de porte formée de trois baies. Derrière cette porte au flux aquatique vivifiant, le végétal et cadrée par ces deux colonnes, une double volée d'escalier monte enfin à l'étage. Que d'agencement pour symboliser l'énergie retrouvée dans un site balnéaire !

CYBÈLE (1930)

Adrien Grave, architecte d.p.l.g.

1, avenue Hoedic et 3, avenue Huelgoat
Immeuble *Cybèle*

Le hall (à gauche de la photo) est séparé du salon et du fumoir par une grille en fer forgé dessinée par Grave. Du reste, toute la décoration était conçue par lui-même, en tant qu'ancien élève de l'école parisienne Germain Pilon. Les murs sont ici recouverts d'un enduit réalisé à la brosse, puis laqué.

ATHÉLIA (POUR ADRIEN GRAVE) (1930)

Adrien Grave, architecte d.p.l.g.

14, avenue de Verdun et 1, avenue Sarah-Bernhardt

En 1930, René Perrey est parti en Algérie. Alors, tout près de la *Villa Marthe*, où sont ouverts les bureaux de Louis Lajarrige, Grave dessine *Athélia*. Le nom *Athélia* provient du département artistique du grand magasin parisien *Les Trois Quartiers*. Il y installe son agence au rez-de-jardin et emménage au rez-de-chaussée surélevé et au premier étage. Dans ce projet de facture paquebot, les horizontales dominent. La corniche qui ceinture la terrasse est soulignée par une frise ondulée de couleur bordeaux. Ses terrasses, balcons et coursives sont protégés par un garde-corps en tube d'acier (vert sapin), et son enduit perlant si particulier (ocre jaune) évoque sans doute l'écume des mers formée par son navire cinglant sur une mer imaginaire.

ATHÉLIA (POUR ADRIEN GRAVE) (1930)

Adrien Grave, architecte d.p.l.g.

14, avenue de Verdun et 1, avenue Sarah-Bernhardt

Article de la revue : voir annexe n° 6

ATHÉLIA (POUR ADRIEN GRAVE) (1930)

Adrien Grave, architecte d.p.l.g.

14, avenue de Verdun et 1, avenue Sarah-Bernhardt

Passés sous le porche d'entrée, clients ou amis gravissent trois marches et passent ensuite sous ce second porche qui dessert les deux escaliers. L'un, à gauche, mène au bureau abrité par un large auvent (fine dalle de béton armé) et l'autre, à droite, conduit à l'habitation abritée par le balcon-coursive joignant les deux chambres à l'étage.

ATHÉLIA (POUR ADRIEN GRAVE) (1930)

Adrien Grave, architecte d.p.l.g.

14, avenue de Verdun et 1, avenue Sarah-Bernhardt

La villa, comme toutes les villas, possède un avant-corps précédé d'un bow-window rotonde et d'une terrasse allongée. Le retour est agrémenté, à l'étage, d'un balcon en forme de coursive qui fait office d'auvent protecteur pour la porte d'entrée ouvrant au centre de la villa. Comme certains coloniaux revenant d'Afrique du Nord, Grave planta au nord-est de la villa un palmier qui se porte à merveille soixante-dix ans plus tard.

ATHÉLIA (POUR ADRIEN GRAVE) (1930)

Adrien Grave, architecte d.p.l.g.

14, avenue de Verdun et 1, avenue Sarah-Bernhardt

ATHÉLIA (POUR ADRIEN GRAVE) (1930)

Adrien Grave, architecte d.p.l.g.

14, avenue de Verdun et 1, avenue Sarah-Bernhardt

Dans la décoration intérieure d'Adrien Grave, la cheminée massive en granit est incontournable. La barre à roue au-dessus de la table à manger évoque aisément le vent du large. Son grand ami, le peintre Émile Guillaume, émule, lui aussi, du peintre Mathurin Méheut, cerne la salle à manger d'une frise d'où se dégage une atmosphère laborieuse, sur un quai, de marins bretons en plein effort de halage sur le quai d'un port.

Grave recevait ses clients dans son bureau Art Déco et, tel un médecin, leur prescrivait une villa de son cru tout en leur laissant quand même la liberté de choisir le style de façade. Il se nomma d'ailleurs lui-même « architecte conseil » de la société *la Construction moderne de La Baule-les-Pins*. Ainsi, sur un même plan-type de villa, il présentait plusieurs façades de styles régionalistes différents, suivant le goût du client !

49e Année — N° 21

LA CONSTRUCTION MODERNE

REVUE HEBDOMADAIRE D'ARCHITECTURE

18 Février 1934

Gravot, Phot.

Villa « Messidor » à La Baule-les-Pins : A. Gravé, Architecte.

(Voir page 322)

49e Année. — N° 21.

Article de la revue : voir annexe n° 7

MESSIDOR (1932)

Adrien Grave, architecte d.p.l.g.

15, avenue d'Armorique et 9, avenue Sarah-Bernhardt

Cette villa, calée à l'origine dans l'angle d'une grande parcelle lotie depuis, fut conçue pour un industriel du Nord qui souhaitait s'y détendre. Grave lui composa à peu près la même façade que sa villa *Athélia* : escalier sur la gauche, entrée protégée au centre et bow-window à droite. La couleur rouge, la toiture en tuile, la corniche à génoise, les pergolas et la fontaine au centre du jardin lui donnent un petit air italien.

MESSIDOR (1932)

Adrien Grave, architecte d.p.l.g.

15, avenue d'Armorique et 9, avenue Sarah-Bernhardt

Au rez-de-chaussée surélevé, le bureau situé au-dessus de l'escalier d'angle est décoré d'une frise représentant une scène champêtre flamande (origine du propriétaire), mais pour autant la salle à manger fleure bon la Bretagne, avec une frise de la vie bretonne et une robuste cheminée. Le bow-window demi-rond en avant-corps est percé de trois fenêtres ornées de vitraux représentant des marins au travail sur leur navire. Toutes ces œuvres ont été réalisées par le peintre Émile Guillaume.

A l'étage, le bow-window est surmonté d'un balcon couvert par un auvent formé d'une dalle de béton et soutenu par deux colonnes cerclées de mosaïque en pâte de verre vert et or. Grave utilisa ce même décor mosaïque sur la villa *Les Peupliers*, 24, avenue des Améthystes. La frise à chanfrein, sous la corniche, et l'enduit perlé, en façade, enveloppent tout le jeu de lignes horizontales que l'architecte aimait développer dans la composition de ses villas.

MESSIDOR (1932)

Adrien Grave, architecte d.p.l.g.

15, avenue d'Armorique et 9, avenue Sarah-Bernhardt

Dans l'ambiance balnéaire de ce début de millénaire, il peut paraître incongru de juxtaposer une couleur rouge rosé pour les murs et un ton vert foncé pour les volets avec des sous-faces de corniches et des balcons beige. Mais alors, où est donc la Bretagne ? Foin de granit gris, de volets bleus et de murs blancs !

MESSIDOR (1932)

Adrien Grave, architecte d.p.l.g.

15, avenue d'Armorique et 9, avenue Sarah-Bernhardt

Grave a ici, de manière méditerranéenne, harmonisé la villa avec l'élément majeur environnant : non pas la mer bleu-vert mais la forêt de pins alentour. Passé la surprise du contraste, le résultat apparaît « logique », tout simplement. En plein soleil et par ciel bleu, le vert lumineux des pins rehausse le rouge des murs. Ce coup de maître fut ignoré après 1950 lorsque la plupart des villas paquebot, aux tons bordeaux ou ocre jaune, furent « bretonnisées » en blanc !

MESSIDOR (1932)

Adrien Grave, architecte d.p.l.g.

15, avenue d'Armorique et
9, avenue Sarah-Bernhardt

L'article paru dans la *Construction Moderne* insista sur l'arrangement et l'agrément du jardin. Pergolas en demi-cercle, kiosque couvert de chaume, bassin et fontaine (dans l'axe pergola d'entrée - villa) ont tous disparu, et dans les années 50 un bassin de forme « patatoïde » (très « Mon Oncle » ?) a remplacé la fontaine. Ce mobilier extérieur permettait d'utiliser le jardin comme un salon d'été, principale pièce à vivre de la villa, mais hors les murs.

MESSIDOR (1932)

Adrien Grave, architecte d.p.l.g.

15, avenue d'Armorique et
9, avenue Sarah-Bernhardt

Croquis de l'auteur

La lourde grille de la porte d'entrée mérite le détour, car Grave y a stylisé de manière Art déco le ciel par des barres horizontales, les vagues par des obliques et des spirales, les villas par des rectangles verticaux et les pins par des ondes horizontales. Tout le thème et l'environnement balnéaires sont rassemblés dans ce subtil tracé géométrique.

RÉNOVA (1933)

Adrien Grave, architecte d.p.l.g.

5, allée des Tamaris et allée des Aulnes
Hôtel de Ville de La Baule-Escoublac

Rénova fut rasée avec *Ker Maurice*, villa-château d'Édouard Darlu, lors de la construction de l'hôtel de ville, en 1973. Quarante ans auparavant sur une parcelle assez petite, l'architecte dresse son bâtiment, recouvert d'enduit perlé caractéristique, sur un rez-de-jardin en moellons de granit. La villa semble ainsi plus aérienne avec cette différence de matières. Il installe au Sud les pièces à vivre prolongées par de grands balcons couverts et à l'Ouest, il marque l'angle des deux avenues par un oriel surmonté d'un petit balcon couvert. L'entrée des familiers se fait, façade sud, par le grand escalier dans l'angle sud-est et l'entrée des étrangers se situe au centre de la façade ouest, sous un porche, en haut d'un escalier à double volée.

Adrien Grave dessina à La Baule,
bien d'autres villas paquebot.
D'Ouest en Est de la baie :

Némésis	4, esplanade Benoît
L'Escale	12, avenue Bouchardat
Coq de Roche	1, avenue des Mélèzes
Les Korrigans	6, avenue Guynemer
Nausicaa	106, avenue du Bois-d'Amour et allée Cavalière
Clos Marie	1, avenue Rossini et 2, avenue Massenet
L'Oasis	13, avenue de Berry
La Pinelière	2, avenue d'Armorique
Saint Expédit	13, avenue des Topazes

RÉNOVA (1933)

Adrien Grave, architecte d.p.l.g.

5, allée des Tamaris et allée des Aulnes
Hôtel de Ville de La Baule-Escoublac

Dans le site urbain de l'avenue Général-de-Gaulle, Grave réalise quelques immeubles « paquebot » (en limite de rue et en mitoyenneté) :
- l'immeuble *Godin* à l'angle du n° 11 et de l'avenue des Tamaris
- un magasin à deux étages à l'angle du n° 84 et de l'avenue des Cèdres
- et deux autres magasins aux n°s 141 et 143.

Enfin, le *Bellevue Building*, imposant bâtiment à l'angle des avenues Isabelle et Ferdinand Ménard, fut le premier immeuble construit à La Baule (sur la carcasse non terminée de l'*Impérial Hôtel* en faillite). Ces premiers appartements, dans l'attente d'un hypothétique boulevard venant de Guérande, font face aux marais salants et donc... tournent le dos à la mer, ce qui est tout de même paradoxal dans une station balnéaire !

ANTO puis LA CORVETTE (1929)

Adrien Grave, Marc Margotin & Louis Roubert, architectes d.p.l.g.

5, allée des Gnomes

Vers 1929, Grave réalise *Anto*, en collaboration avec Marc Margotin et Louis Roubert (architectes). Léon Margotin, père de Marc, est architecte à Reims depuis 1889. Professeur d'architecture à l'école régionale des Arts industriels, il est durant quinze ans architecte des Monuments Historiques. Il a aussi pour client la maison de champagne Heidsieck. Et en 1925 il laisse à son nouvel associé et à son fils la direction de l'agence, qui produira 91 permis de construire entre 1920 et 1930.

ANTO puis LA CORVETTE (1929)

Adrien Grave, Marc Margotin & Louis Roubert, architectes d.p.l.g.

5, allée des Gnomes

En 1929, Marc Margotin réalise pour lui-même la toute première maison « cubique » à Reims. Résolument « moderne », il aime les contrastes et élève cette construction de style international au 1 rue des Tonnelles adossé à un bâtiment gothique et à 30 m du parvis de la Cathédrale et de l'Hôtel du Tau ! Est-ce lui qui a eu l'idée de créer sous la corniche, de la proue à la poupe de la villa, une frise en culs de bouteilles de champagne ? Grave est séduit par ce motif et reproduit trois fois cette frise de cercles bombés sur deux magasins (14, avenue Pavie ; 84, avenue du Général-de-Gaulle et allée des Cèdres) et sur l'hôtel *Printania* (puis *Délice Hôtel* puis *La Route de la Soie*) au 19, avenue Marie-Louise.

ANTO puis LA CORVETTE (1929)

Adrien Grave, Marc Margotin & Louis Roubert, architectes d.p.l.g.

5, allée des Gnomes

Alors que le paquebot *Normandie* est élaboré aux chantiers navals de Saint-Nazaire, la villa rappelle ce type de construction par ses deux murs à 45° percés d'une loggia à l'étage et son belvédère en terrasse évoquant respectivement une étrave de navire, un poste de pilotage et la passerelle du commandant. Sa façade allongée et sa « proue » virant à tribord lui impriment un mouvement psychologique et son second propriétaire, commandant de marine, la rebaptise *La Corvette* (navire rapide). Grave reproduira l'enduit perlé qui recouvre les façades et améliorera son rendu avec l'entreprise de maçonnerie Philippe par de régulières bandes horizontales. A l'intérieur de la villa, l'espace y est très ouvert et les pièces à vivre ne sont séparées que par des grilles en fer forgé. La table de salle à manger, imposant monobloc, est réalisée en granito (agrégat de minéraux poncés), tout comme le sol des deux niveaux d'habitation.

AR LOURIMA (1933)

Marcel Chaney, architecte d.p.l.g.

10, avenue d'Ouessant

Marcel Chaney, architecte installé à Saint-Nazaire, dessine en 1922 *La Belote*, la toute première villa de La Baule-les-Pins (non publiée, 7, avenue d'Armorique), pour le marchand de matériaux Nassiet, un ami d'enfance du lotisseur Louis Lajarrige. Quelques années plus tard, il dessine pour un ami médecin nazairien cette villa paquebot sur le thème de la villa *La Corvette*. Alors que cette dernière possède une façade effilée qui paraît se mouvoir, la façade ouest d'*Ar Lourima* présente une masse plus statique qui semble assise et calée sur son terrain dénivelé. Chaney reprend une structure à deux avant-corps symétriques et crée la dissymétrie traditionnelle en y greffant au rez-de-chaussée une pièce au Nord et un bow-window à 135° au Sud. Balcons et terrasses recouvrent le bâti qui est cerclé d'une corniche en toiture.

Les prénoms des parents et des trois garçons sont inclus dans l'appellation à consonance bretonne : **A**lice, **R**aoul, **Lou**is, Hen**ri**, **Ma**rc (dans l'article de la *Construction Moderne* la villa est nommée *Lourina*).

Article de la revue : voir annexe n° 8

CALIFORNIA y COSTA DEL SOL
1950-1960

Californie et Espagne, mais aussi Brière vernaculaire et paquebot nouveau...

Après la guerre de 39-45, le rêve américain, magnifié par l'efficacité de l'intendance de l'armée américaine au cours du conflit, estompe le régionalisme français. L'imaginaire architectural est alors axé sur le soleil de la Californie et de la Floride. Et même en automobile, Renault lance une petite décapotable vivace : *la Floride*. Ce nouveau style cubique qui s'installe sur les côtes de France, et que l'on pourrait qualifier de « californien à la française », est en partie inspiré du travail de l'architecte Richard Neutra, qui a été publié dans un numéro entier de la revue *Architecture d'Aujourd'hui* en 1946, sur la modélisation des éléments d'architecture et leur coût amoindri par la production industrielle. Dans la maison, qu'elle soit d'acier, de bois ou de béton, celui-ci en avait décrypté et classé plein de détails. Il lui restait à les assembler en les insérant, ce qui lui était primordial, dans un cadre de vie végétal. Les architectes Mies van der Rohe à Chicago, pour les gratte-ciel, et Le Corbusier, en France, pour sa « machine à habiter », avaient, d'une certaine manière, effectué un travail similaire de rationalisation. Mais nul n'est prophète en son pays et « Corbu », malgré sa *villa Savoye*, puis ses *cités radieuses*, n'apparaît guère dans l'inspiration des villas locales après les années 50. L'expérience du programme américain *Case Study Houses* (maisons, études de cas) est publié en France après la guerre. Il s'agit de maisons conçues par des architectes au moyen de produits industriels : poutrelles d'acier, grands vitrages, briques...

Petites maisons et villas d'aujourd'hui

Préface de Marcel Roux, architecte
Ed. Charles Moreau, Paris (vers 1960)

Quatre-vingt pour cent des Français rêvent à une petite maison, le toit qui abritera leur famille. Bien que cette formule ne soit ni possible, ni même souhaitable, il est certain que longtemps encore elle sera appliquée. Pour ceux qui choisiront ce mode d'habitat, cet album apportera un choix de réalisations récentes. Attention : employez avec précaution ! Ne pas copier, ne pas « prendre trop d'idées », mais au contraire apportez tous vos soins à établir avec minutie votre programme et déterminez au mieux quels sont vos besoins réels. Il arrivera souvent que ce programme ne correspondent pas à vos possibilités financières du moment, les prêts d'Etat vous viendront en aide.
Vous pouvez envisager également de réaliser votre construction par tranches successives. Le plan doit être logique, pratique, s'adapter exactement à votre famille comme un vêtement bien coupé à votre corps. La façade doit être simple, honnête avant tout.
Un coup d'œil dans la banlieue de Paris : plus votre maison sera différente de ce qui se commet actuellement en général, plus elle aura de chance d'être réussie. La petite maison préfabriquée est encore en enfance dans notre pays, mais il existe des éléments préfabriqués, petits ou grands, qu'il vous faudra choisir vous-même avec soin. Vos goûts, vos besoins, vos possibilités financières et les conseils de votre architecte habitué à ces problèmes détermineront ces choix délicats. Le jardin, souhaité aussi grand que possible, est le prolongement de votre logis ; une ou plusieurs terrasses, des emplacements de jeu, un verger, un potager, même petits, décupleront les joies que vous pourrez attendre de votre grande entreprise. Tout commencera par le choix du terrain : sa situation, son orientation, son sol et son sous-sol, ses possibilités de branchements ont une grande importance. Avant de vous décider, imaginez dans le détail ce que sera votre vie future sur le terrain et dans le plan choisi et corrigez sans cesse les défauts que vous pourrez ainsi déceler à temps. Bâtir, comme gouverner, c'est prévoir.

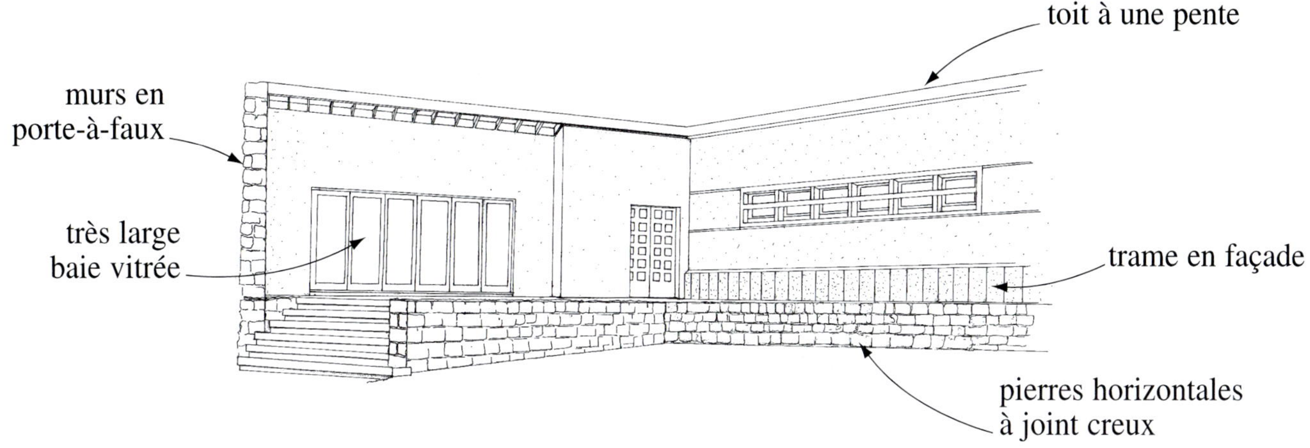

Le style californien

En 1952, l'architecte Philippe Louis, anglophone et fier de sa belle décapotable américaine, réhabilite *la Brasserie Royale* sur le front de mer baulois : *la Jamaïque* et ses abouts de murs en porte-à-faux. Au-dessus, il érige *le Floride*, premier immeuble d'appartements face mer à La Baule. Puis il remplace la villa *Massabielle* (voir page 28) par l'immeuble *le Californie*, avec porche de granit en porte-à-faux. Avec le " système D " français les architectes reproduisent le rationalisme californien en reprenant les idées suivantes : éléments préfabriqués = **trame en façade** ; larges baies coulissantes = juxtaposition de plusieurs **portes-fenêtres** ; pans de murs en brique ou pierre plate = **murs en pierres horizontales à joint creux** ; toitures-terrasses = **toit à une pente** caché par un **fronton** signifiant ainsi de grands volumes intérieurs. L'esprit aérien de ces habitations est symbolisé par des **abouts de murs en porte-à-faux**, supportant auvent ou balcon-terrasse. Ces **maisons de plain-pied** sont distribuées par un **plan en équerre** et rarement rectangulaire.

Le style espagnol, Brière et le paquebot nouveau

Mais le soleil ibérique fait aussi rêver. Et un jeune étudiant en architecture, Claude Parent, réalise à La Baule la première de ces équerres avec une touche hispano-mauresque, en surlignant les fenêtres de **tuile canal** et en les protégeant de **grille de métal** ondulée (voir *la Maritaye* page 96). Philippe Louis d'ailleurs reprend ce thème (plain-pied, équerre, style ensoleillé) pour la plupart de ses villas de La Baule-les-Pins.

Et après le jeu des styles régionalistes de l'entre-deux-guerres, l'architecture régionale typiquement vernaculaire, en dehors du breton de la presqu'île, a pourtant été oubliée. La chaumière briéronne n'apparaît, en tant que villa, que dans la seconde moitié du XXe siècle, avec ses **murs blanchis** de chaux, son **chaume en toiture** et son pignon couvert d'un **bardage de bois** non équarri. Philippe Louis reprend en cela le cottage anglais (référence adulée du balnéaire) dans sa version « countryside ». Enfin, si l'aviation commerciale commence à prendre son envol, l'épopée navale n'est pas pour autant terminée. A l'instar des paquebots de croisière réaménagés à Saint-Nazaire, les coursives ondulées de ces nouveaux paquebots profilent des **balcons courbes** en béton armé de quelques villas et de premiers immeubles. Quant au style international, il n'est pas totalement oublié par Roger Jauny, qui conçoit sa propre villa avec une distribution classique dans un strict style cubiste tout en la nommant *la Houle*. Paradoxe du modernisme ?

LA HOULE (1950 ?)

Roger Jauny, architecte d.p.l.g.

9, avenue de la Mer et 5, avenue Lindbergh

Pour tout le monde, une houle c'est une courbe, un galbe, une onde et un mouvement. A La Baule-les-Pins, l'architecte Roger Jauny repense cette énergie pour sa propre villa, conçue de manière traditionnelle mais modernisée par le style international. Il suit en cela les recommandations de son patron d'atelier à l'Ecole des Beaux-Arts, Auguste Perret, qui cherchait sans cesse la modernité, fût-ce au détriment des canons esthétiques. Dans cet esprit orthogonal, on imagine sans peine au crépuscule la descente sur l'horizon d'un soleil carré rythmée par le son d'onomatopées incantatoires proférées par Jacques Tati lors de ses vacances chez son oncle à Saint-Marc-sur-Mer ! La seule courbe du projet est le muret de la terrasse, en moellons de granit équarris.

BORNHOLM puis BREEZAND (1952)

Marcel Jolivel, architecte d.p.l.g.

71, avenue du Littoral et 1, avenue du Pilier
Sainte-Marguerite de PORNICHET

Cette villa, au deuxième nom néerlandais, fut la demeure de l'architecte Marcel Jolivel. Sa femme, danoise, donna à la villa le nom d'une île située au sud de son pays, entre Suède et Pologne. Travaillant à Saint-Nazaire en pleine reconstruction, il applique ici les thèmes d'une architecture moderne « américano-française ». Dans le recueil de planches, la villa est citée à La Baule (station renommée) et non à Pornichet (station moins connue).

Les multiples portes-fenêtres du séjour, orientées plein sud, sont surmontées d'une petite pergola de béton en attente de fleurs. Elles ouvrent sur une large terrasse entourée de pins. Les chambres, disposées en retour, sont éclairées dès l'aube et donnent toutes sur un vaste jardin abrité des vents. Au couchant, leur couloir est ensoleillé au travers de fenêtres juxtaposées en hauteur.

LA POULIDO (1952)

Claude Parent, architecte

25, avenue Marie-Louise

L'architecte Claude Parent a le privilège d'être le premier architecte français vivant à avoir une construction classée aux Monuments historiques (alors qu'il n'est pas diplômé !). Il connaît bien La Baule, car ses parents louaient en été *Plaisance* et *Djenina*. Lors d'un séjour M. Parent père présente son fils, étudiant en architecture, à l'agent de location qui souhaite édifier une maison contemporaine à La Baule. En 1952, Claude Parent dépose donc le deuxième permis de construire de sa carrière avec cette villa qu'il juge lui-même avant-gardiste : toiture à une pente, grandes baies vitrées, large fronton et plan en équerre. Sa cliente, dont le mari était originaire d'Alès, souhaita ardemment l'agrémenter d'un style hispano-provençal avec des tuiles canal (*La Poulido* signifie une belle jeune fille en provençal). Petite particularité climatique : un olivier baulois se dresse depuis quarante ans dans l'angle de la terrasse, malgré la limite géographique des Cévennes pour cette espèce ! Microclimat ?

LA PETITE MAISON (1955 ?)

Philippe Louis, architecte

11, allée Cavalière

Philippe Louis, après avoir travaillé comme « grouillot » (dessinateur-gratteur dans le jargon des architectes) chez Grave et Meunier, ouvre son agence à La Baule en 1936 à la suite du décès de Meunier puis, après la guerre, il devient le principal intervenant des villas de La Baule-les-Pins et dessine, avec la même élégance, certains immeubles du front de mer (*Constellation*, *Neptune*,...). Avec les murs blanchis et les tuiles canal, il distille une influence hispanique à la traditionnelle villa provençale de plain-pied. A ce plan dissymétrique, il ajoute une rotonde en bout du séjour pour « enjoliver » le mur pignon.

LA TOURTOULE (1950)

Philippe Louis, architecte

39, boulevard de l'Océan et 2, avenue de la Mer
Immeuble *le Sagittaire*

Sur le frond de mer, dans le quartier Saint-Clair, Louis conçut cette villa de quatre chambres en la ramassant sous une toiture pyramidale (dit toit à l'Italienne). Seule une lucarne comprenant deux portes-fenêtres éclaire deux chambres en combles. La chambre principale et le « living-room » (séjour) donnent plein sud sur le jardin (terrasse-pelouse) et sur l'océan. Suite au rush des estivants sur le front de mer, la durée de vie de cette villa a plutôt a été écourté !

PAMPLEMOUSSE (1960)

Philippe Louis, architecte

10, avenue de la Mésange

Louis dessine ici une petite villa économique car, même si le plan est ramassé, il lui offre une touche de modernisme, avec ces grandes baies vitrées, assemblage de châssis fixes et d'une large porte-fenêtre, et avec les abouts des murs pignon en porte-à-faux, soutenant l'auvent formé par le débord de toiture pour protéger la terrasse entourée de jardinières, élément clé de cette architecture individuelle au bord de la mer.

L'ATLANTIDE

Pierre Bourineau, architecte d.p.l.g.

2, avenue Bettine et avenue de La Mésange

Pierre Bourineau crée ce parallélépipède rectangle comprenant deux appartements l'un sur l'autre, et il le transforme en villa par l'adjonction, sur la façade ouest, d'une triple arabesque assez magique appliquée à la fois sur un auvent, une coursive et une terrasse. Voulue par son auteur au sommet d'une dune, la courbe élancée de *L'Atlantide* évoque l'esprit des paquebots « nouvelle vague » des années 1950-1960. Homme très honnête et amical, il aimait le contact de ses confrères, mais d'aucuns en profitèrent pour le copier, à son grand dam ! A Pornichet, la courbe du balcon sera reprise au 3, rue du 18-juin-1940 entre la place du marché et l'océan.

Pierre Bourineau, architecte d.p.l.g.

33, boulevard de l'Océan
Immeuble *L'Horizon*

Préfigurant le flot d'immeubles en béton qui vont s'échouer sur le front de mer et submerger les villas, Pierre Bourineau réalise en mitoyenneté ce collectif à deux appartements avec un financement de dommages de guerre. En dessinant *L'Horizon*, il reprend le thème du navire avec coursive. Il y installe ses bureaux et son logement au rez-de-chaussée agrémenté d'un jardinet en façade.

VILLA FOXY (1954)

Philippe Louis, architecte

5, avenue de Sesmaisons

Alors que le mouvement régionaliste de style « archi-kitsch-rural » s'estompe, Philippe Louis conçoit la première villa balnéaire en reprenant le matériau de couverture de l'architecture vernaculaire des marais de la Grande Brière. En dépit des risques d'incendie liés au chaume, ce matériau a enfin droit de couvrir les villas bauloises. Cette villa, inspirée par les cottages anglais possède un pignon au nord orné d'un balcon en bois non équarri (rusticité romantique) et l'architecte ajoute une petite rotonde pour atténuer la jonction d'angle des deux pignons nord et ouest.

Il installe au rez-de-chaussée ses bureaux d'architecte d.e. (non pas diplômé d'État par l'École des Arts décoratifs, mais *décorateur-ensemblier*). Si certains baulois la surnomment *Blanche Neige*, Louis la nomma *Foxy* (renard en anglais), car il dut quelque peu ruser pour faire admettre le chaume aux services techniques de la Mairie.

TEXTES D'ARCHITECTE

ANNEXE 1

LE RONCERAY

Maison spacieuse et confortable
à La Baule

Georges Vaudoyer, architecte d.p.l.g. à Paris
in *La Vie à la Campagne*, Paris et
in *La Mouette*, La Baule ; 1911

Il fallait, avant tout, sur un terrain de forme triangulaire, limité sur chacun de ses deux plus grands côtés par une large voie aboutissant à l'avenue exhaussée longeant la plage, construire une maison qui ne masquerait en aucune façon la vue d'une autre habitation élevée il y a quelques années dans le même jardin par les mêmes propriétaires. Il fallait, en second lieu, épargner, autant que possible, un fort agréable bouquet de pins - seuls arbres de cette partie du jardin - dont la masse italienne viendrait « caler » la maison projetée en élargissant sa silhouette tout en l'abritant des vents du Sud-Ouest. Je fus conduit « à planter » la construction parallèlement à l'avenue Psyché et en reculement de 3 m par rapport à l'alignement de cette avenue.

Façade en hauteur

J'avais rêvé de faire une maison basse !... Mais en mesurant la surface très restreinte qui m'était réservée pour répondre aux deux principales obligations du programme, il fallut bien me résoudre à construire une maison en hauteur. Si, à l'extérieur, la construction paraît, de ce fait, quelque peu élevée, les pièces d'habitation bénéficient en compensation, d'une très belle vue qui, au dernier étage, s'étend aussi bien sur la mer que sur l'intérieur du pays, dominant les bois de pins et les marais salants. On découvre toute la côte de Pornichet au Pouliguen. Vers l'ouest, la robuste silhouette du clocher de l'église du bourg de Batz se découpe sur le ciel. Dans l'étude des façades, j'ai utilisé les beaux matériaux du pays : le granit jaune rosé, jointoyé en creux, la pierre de Sireuil, d'un blanc éclatant, mêlés à quelques lignes très discrètes de briques roses. J'ai cherché à simplifier dans le plan de la toiture toutes les pénétrations : lucarnes, croupes, noues, etc., susceptibles de causer rapidement des fuites et dégradations, le vent soufflant parfois avec violence sur cette côte si abritée en apparence.

Le toit d'ardoises à deux pentes inégales avec faîtage unique motivant un pignon à chaque extrémité et axé du sud au nord, présente donc le minimum d'inclinaison et coiffe la maison en suivant les décrochements du plan.

Enfin, les trois étages superposés, de loggias - largement ouvertes sur la mer et fermées du côté des vents dominants - invitent à la contemplation de la mer. Ces loggias, profondes de plus de 2 m, communiquent par des portes-fenêtres très larges avec les pièces attenantes, qu'elles prolongent ainsi au dehors ; j'ai constaté avec plaisir, lors de mon dernier voyage, qu'elles sont fort appréciées ; un bridge s'organise dans la loggia du salon-hall ; la maîtresse de maison fait sa correspondance dans celle du premier étage, tandis qu'au deuxième étage les habitants de la chambre d'amis semblent goûter tout à la fois les rockings et la bibliothèque de leurs hôtes.

Le motif de la charpente ajouré de la loggia du deuxième, les pans de bois qui commencent à la naissance des pignons (façades sud et nord) et forment une large frise couronnant la façade ouest, ont pour but d'alléger la partie supérieure de la construction. Les bois sont peints d'un ton vert très soutenu ; dans les intervalles les murs de briques sont enduits au mortier de chaux. J'espère, que dans quelques années, les deux piles de pierre blanche qui accusent l'avancée des loggias seront entièrement recouvertes de rosiers dont les branches judicieusement guidées, viendront fleurir les balcons de bois ; de semblables plantations ne doivent être qu'un jeu d'enfants dans un pays où le mimosa pousse et fleurit en pleine terre.

Maison confortable et surtout habitable

Je voudrais épargner à mes lecteurs la description détaillée du plan aux différents étages. Je dirai simplement que j'avais comme programme de construire une maison très confortable, habitable aussi bien l'hiver que l'été, et pouvant convenir à des familles nombreuses, ce type de construction étant peu répandu à La Baule.

Les services (en demi sous-sol, auquel on accède de plain-pied sur deux côtés de la maison) ont donc été prévus avec une ampleur inusitée ; la sécheresse du terrain m'ayant permis d'y disposer, indépendamment de la cuisine et des ses dépendances habituelles, deux chambres de domestiques, une salle de bains, le calorifère, etc., et de réserver l'étage le plus élevé, de beaucoup le plus agréable en la circonstance, aux chambres d'amis.

Trois autres chambres de domestiques ont été aménagées à mi-étage dans l'aile nord, au-dessus de la laverie, ou de plain-pied avec le jardin.

Je signalerai que chaque chambre importante a son cabinet de toilette « à l'anglaise », l'installation du gaz et de l'électricité, les offices avec timbre en grès émaillé et de nombreuses armoires, monte-plats, etc.

Une porte spéciale ouverte sur l'avenue donne accès à ces différents services, qui communiquent entre eux par un escalier montant du sous-sol au comble, tandis que l'escalier principal donne directement dans le salon-hall et s'arrête au premier étage. Les allées et venues du personnel se font donc sans que les habitants de la maison aient à souffrir du bruit et du mouvement.

La décoration intérieure est des plus simple et très « campagne ». Nous avons voulu de la lumière, du soleil et par suite de gaieté dans toutes les pièces, peintures claires, bois apparents vernis, toiles de Jouy, perses, aussi bien dans les pièces de réception que dans les chambres. Les dégagements et pièces de service sont carrelées et leurs murs peints au ripolin.

J'ajouterai que le comte et la comtesse de Ronceray ont choisi et même composé, en partie avec les ressources locales, un ameublement en bois naturels clairs, très pur de lignes, très variés comme essences, qui s'harmonise à merveille avec le cadre simple et rustique qu'ils m'ont demandé.

ANNEXE 2

KER BEJI

Petit hôtel à La Baule (Loire-inférieure)

Jules-Louis Deperthes, architecte in l'*Architecture Usuelle* 1905 / p. 145 à 149
Livret 19 - Petit Hôtel sur rue, entre murs mitoyens ; cheminée en granit

Rangées, pressées - comme des fauteuils de balcon au théâtre - les maisons de plage forment, ainsi dressées, avec leur étroites façades, un rempart indispensable, contre le vent du large, aux jardins qui s'allongent à l'arrière-plan. Mais ce rempart bâti, par morceaux, au gré et suivant la fantaisie de chaque propriétaire, selon le goût moderne - si éclectique - offre un spectacle presqu'aussi amusant, à la vue, sinon aussi grandiose, que celui qui attire toute la ville à contempler la mer.

L'architecte savait, ici, ce qu'il faut, encore, d'abri contre les ardeurs solaires en ces plages. Il a donc fait, d'un balcon (plancher de sapin sur corbeaux de granit), l'auvent de la grande baie au rez-de-chaussée et de la porte à imposte. Un grillage en palme clôt cette imposte et des volets brisés ferment les fenêtres. Une terrasse couverte agrémente le deuxième étage et en abrite encore les pièces principales contre les chaleurs excessives de l'été.

En granit bleu clair s'élève toute la façade sur le quai (voir page 51) soit en cailloux frustres soit en parties taillées.

La colonne de granit (2e étage) soulage une architrave formées de deux madriers moisés, portant planchers et entrait de ferme. Le fond de cette loge ouverte est fait d'un mur de briques, dont le ton rougeâtre contraste avec la tonalité grise assez claire, de la façade granitique.

Entre les arcs des fenêtres du 1er étage, des enfoncements ont reçu des parties de frise en bronze, galbés en forme de lame, à la crête écumante ; et des algues marines y tracent l'anagramme du propriétaire. Le plan intérieur est ce qu'imposait l'étroitesse d'un terrain très en profondeur : Il rappelle celui des petits « hostels » des XVe et XVIe siècles. La cuisine en annexe, avec le w.-c., rapproche ce plan, fort simple et commode, de celui de la maison flamande. Une vaste cheminée en granit garnit un côté de la grande salle, dont le plafond à solives apparentes, nervets de cavets, tarabiscotées, entrevoussées de pitchpin, est d'un décor intéressant, d'une construction raisonnée.

La façade postérieure, avec son avant-corps d'escalier, son échauguette (contenant w.-c. ouvert sur un palier), son annexe de service et ses balcons à perrons, est d'un caractère fort accentué, d'un mouvement agréable en son étroit élancement. C'est d'une habitation permanente, d'un vrai « manoir », plus que d'une maison saisonnière. On y passerait bien l'hiver. L'escalier des étages a été traité largement, à rampes droites sur poteaux, à balustres carrés en pitchpin, comme aussi, d'ailleurs les épais limons à grands goussets, etc.

Résumé des dépenses

La somme totale dépensée pour la construction complète du petit hôtel à La Baule est, d'après les mémoires vérifiés et réglés par l'architecte, arrêtée à la somme de *vingt deux mille francs*. Ladite somme se répartissant comme il suit entre les divers corps d'état :

Maçonnerie	7 000
Charpente	4 219
Couverture plomberie	1 836
Serrurerie	1 068
Menuiserie	3 500
Plâtrerie fumisterie	1 457
Peinture	1 174
	20 274
Honoraires et divers	1 726
Total	22 000

Résumé du métré

MACONNERIE

Fouilles, cub[es]	208,000
Fondations en rigoles, cub.	23,000
Murs en élévations, cub.	209,637
Murs intérieurs briques ordinaires (0,11), sup[erficie]	16,00
Murs intérieurs briques ordinaires (0,22), sup.	16,00
Murs briques apparentes (0,22), sup.	32,00
Murs briques apparentes (0,11), sup.	23,40
Marches et seuils granit, lin[éaire]	35,00
Maçonnerie en façade sur quai, cub.	10,945
Granit pour façade : socle, cordon, linteaux, appuis, cintres, consoles, entablement, dé de colonne, etc. cub.	7,560
Taille dudit granit, sup.	44,09
Cheminée de granit (grande salle), taille soignée, sup. (prix de revient 220 fr)	5,404
Taille moulurée pierre blanche, sup.	0,148
Joint sur granit, façade (ciment), sup.	19,63
Dallage ciment (sous-sol), sup.	18,15
Carrelage cuisine, vestibule, sup.	26,40
Cloisons briques, sup.	215,10
Plafonds plâtre, sup.	220,00

CHARPENTE

Chêne pour linteaux, cub.	1,127
Sapin du Nord pour planchers, cub.	5,932
Sapin du Nord pour combles, cub.	2,293
Chevronnage (8x8), lin.	319,40
Pitchpin et sapin rouge blanchis, pour charpente apparente, salles du rez-de-ch. (prix 200 fr le stère), cub.	4,040
Balcons et balustrades sapin corroyé, poteaux d'angle et remplissage, sup.	26,86
Plancher chêne pour balcon (0,03), sup.	14,80
Plafond terrasse (2e étg.), frises (0,025), sapin à baguettes, sup.	4,56
Escalier (1er étg) pitchpin, 20 marches, le reste sapin ; limon à la française, balustrade pitchpin, marches	37
Marches perron sans contremarches	17

SERRURERIE

22 portes ; 18 fenêtres ou portes-fenêtres ; 4 châssis ; 0 paires volets ; armoire, etc. ; ferrure suivant usage.

Grille d'imposte. Fr	250,00

COUVERTURE, PLOMBERIE

Ardoises, sup.	143,68
Gouttières, lin.	21,50
Tuyau de descente, lin.	30,00
Noues zinc, lin.	9,00
Faîtage, lin.	15,50

MENUISERIE

Parquet pitchpin (0,027) sur lambourdes (gde salle), sup.	26,53
Parquet sapin (0,027) sur solives, sup.	170,42
Croisées à petits bois, sup.	18,25
Portes-croisées, sup.	30,94
Portes de cave, sup.	3,10
Volets chêne et sapin, sup.	30,85
Portes intérieures pitchpin (salles), sup.	4,84
Portes intérieures sapin, sup.	32,45
Moulures pour chambranles, lin.	219,68
Baguettes d'angle et demi-baguettes lin.	93,30
Plinthes pitchpin (salles et vestibule), lin.	52,53
Plinthes sapin ordinaire, lin.	198,36
Socles rampant escalier (20 en pitchpin, 37 en sapin), nb.	57

2 sièges w.-c. pitchpin ; 7 cheminées dito, armoires et rayons à droite et à gauche de la grande baie (grande salle RC)

ANNEXE 3

LES MOUETTES

Un chalet de plage en Bretagne

Louis Sézille, architecte d.e. à Escoublac - La Baule-sur-Mer in *Villas et Maisons de Campagne* / 5 juin 1907 / p. 12 et 13

Sur une dune de sable très élevée dominant la forêt de pins maritimes qu'est ce site délicieux désigné sous le nom de « Bois d'Amour », à La Baule-sur-Mer, plage réputée pour son étendue de sable fin, notre *service technique* va édifier cet hiver, le chalet ci-dessus désigné.

La construction sera commencée incessamment, les mois d'hiver de cette région réchauffée par le « Gulf Stream » équivalent à la température de mars dans nos régions. Le sol est tout de sable, mais d'un sable fin et compact, sur lequel les constructions les plus pesantes peuvent être assises sans aucune crainte. La seule précaution est d'établir les murs de fondations avec une « assiette » suffisante. De la fouille des caves, en négligeant les 2 premières couches de sable qui sont le résultat des agglomérations produites par les vents, nous extrairons le sable qui servira à la confection du mortier ; le granit gris viendra des carrières proches : aux environs de Guérande, l'ardoise par transport fluvial nous arrivera d'Angers sur la Loire et les bois de sapin nous seront fournis par les dépôts de Saint-Nazaire (distant de 17 km) qui les recevront par bateaux, directement, des régions du Nord.

Nous avons orienté notre construction face au midi. Cette exposition serait critiquable sur la plage même, en raison de la réverbération du soleil sur la mer, créant en juillet et août une situation intolérable, mais elle est admissible ici, dans le bois abrité en partie des rayons solaires. A l'ouest, direction des vents et rafales de pluie cinglantes et pénétrant tout, nous avons évité les baies, et le salon exposé à l'est, recueillera les rayons du matin et sera pour le soir l'asile de fraîcheur rêvé.

Nous avons dû également nous subordonner à la courbe de niveau du terrain, fortement inclinée et ne nous laissant qu'un plateau peu étendu sur lequel nous avons axé le corps principal du bâtiment et l'entrée, pendant que l'aile gauche (chambre à coucher et toilette) se pliait au mouvement de descente.

C'est pour ces raisons que nous avons concentré en une seule entrée l'accès du salon, de la terrasse et du vestibule.

Cherchant à tirer de cela un parti avantageux nous avons présenté cette section de la construction sous un aspect symétrique malgré la dissymétrie de l'ensemble du projet.

Donc en entrant à gauche, nous trouvons après la terrasse couverte : le vestibule clair et dégageant sur toutes les pièces. Le service domestique de réception est très facile en raison de la proximité de la cuisine ; au fond le départ de l'escalier masquant sous sa montée la descente au sous-sol ; à droite l'entrée de la salle à manger et à gauche l'entrée d'une première chambre. N'oublions pas en effet qu'ici la chambre est la pièce dominante et que toute villa de bains de mer est, en quelque sorte, un hôtel meublé, qu'elle devra être coûteuse, n'étant que d'une utilisation restreinte et contenir malgré tout un nombre d'hôtes respectable : famille s'augmentant des amis ou se doublant quelquefois d'une famille amie complète.

La salle à manger sera la pièce principale et le salon n'aura ici que l'usage secondaire d'une pièce où l'on se tient seulement pour le thé ou la correspondance. Ici tout est plein air, et la terrasse sera le séjour habituel des habitants de la maison d'où passage rapide de la salle à manger sur cette terrasse et service facile pour les repas en plein air.

La cuisine sera isolée du reste de l'habitation ne laissant pas échapper les émanations habituelles qui flottent en permanence dans les villas des bains de mer où les fritures de poissons ou de crustacés règnent en maîtresse et ce dégagement d'isolement nous servira d'accès à la chambre de bonne, qui placée au rez-de-chaussée évitera pour les maîtres les bruits du réveil et de la toilette de la domestique. Au sous-sol nous aurons une remise pour les malles et un garde-manger. Les chambres à coucher très aérées seront toutes pourvues de cabinet de toilette et de penderies pour les vêtements.

Devis descriptif

TERRASSEMENTS

Fouille en pleine masse pour la partie en sous-sol. Fouille en rigoles sous les murs et jet sur l'emplacement des terres-pleins.

MAÇONNERIE

Moellons de granit bruts hourdés en mortier de chaux hydraulique, du fond des fouilles au niveau du plancher du rez-de-chaussée pour être apparents, et jusqu'aux toitures pour être enduits en mouchetis tyrolien. Briques rouges calibrées de Redon pour les souches de cheminée ; posées en cordon au niveau du plancher de rez-de-chaussée ; et en arc pour les grandes baies cintrées. Sommiers de retombée des arcs et corbeaux en pierre dure de Sireuil. Fosse enduite de ciment avec radier en béton, angles arrondis et tampon de vidange en béton aggloméré. Mattage de la terrasse en ciment. Marches d'entrée de cuisine en ciment. Seuils et marches en granit pour l'entrée principale. Murs de refend en parpaings de béton agglomérés de 0,15 m d'épaisseur. Cuisine et dégagement carrelés en carreaux carrés rouges et blancs. Vestibule carrelé en carreaux céramiques de Boulogne-sur-Mer. Puits de 5 mètres de profondeur en buses de ciment armée de 0,50 m de hauteur sur 0,90 m de diamètre.

CHARPENTE

Linteaux en chêne au-dessus des baies à l'intérieur posés en équarrissage et blanchis à l'extérieur ; Pièces de charpente de sapin : Tirants, arbalétriers en 8/23, contre fiches en 8/12, poinçons en 20/20, faîtages en 8/23, parures en 8/23, sablières en 8/23, arêtiers en 8/23, et chevrons de 8/8.

Pour les parties de pans de bois de toilette, rez-de-chaussée, etc. Premier étage, terrasse, salon et water-closet : Poteaux de traverses de 10/10, sablières de 8/12, chevrons 8/8, main courante de 8/8, traverses et balustres de 5/5. Balcons et caisse à fleurs : traverses et balustres de 5/5, main courante de 8/8.

Plancher de rez-de-chaussée en solives de 8/23 espacées de 0,40 d'axe en axe pour la partie sur caves. Lambourdes pour la partie sur terre-plein. Fausses solives en madrier refendu pour le plafond du premier étage. Escalier intérieur de 20 marches en pitchpin avec contremarches en sapin, rampe et balustres tournés en pitchpin. Escalier de cave en sapin sans contremarches.

COUVERTURE

Toitures couvertes en ardoises d'Angers, première qualité, petit modèle, clouées et agrafées sur crochets galvanisés. Faîtière en tuile de Marseille.

Dalles de zinc n° 12, de 0,33 m pour noues et gouttières. Tuyaux de descente de 0,08 m et 0,06 m posés avec colliers à charnières.

PLOMBERIE

Evier en grès émaillé dans la cuisine. Appareils de garde-robe à effet d'eau, à tirage (Boulogne-sur-Mer) *[Siège w.-c.]*

PLATRERIE

Cloisons intérieures montées en brique plâtrière de 0,03 m d'épaisseur avec charge d'enduits de 0,01 m d'épaisseur sur chaque parement.

Murs intérieurs et plafonds dressés au plâtre fin avec charge d'enduits de 0,01 m d'épaisseur. Dans la salle à manger et les chambres n° 1 et 2, angles arrondis de 0,25 m de rayon, formant corniche à raccord direct et sans moulures avec les murs et le plafond. Hotte de cheminées dressée sur paillasse. 4 rangs de carreaux de faïence (Boulogne-sur-Mer) au pourtour du fourneau de cuisine et de l'évier. Cheminées à capucine rétrécies à la Lhomond, marbre de Jourdan de Gris-Louverné et intérieurs construits en carreaux réfractaires de Laugeais. Dans la salle à manger, cheminée sur modèle spécial de l'architecte en pitchpin et carreaux de grès flammés.

MENUISERIE

Portes à petits cadres tout sapin, châssis 30 m/m avec chanfreins sur les rives. Croisés tout sapin à noix, jet d'eau et gueule-de-loup. Poteaux de menuiserie en sapin. Placard tout sapin avec tablettes de 13 m/m sur 0,22. Plinthes au pourtour de toutes les pièces. Chambranles d'encadrements et moulures au pourtour des portes et des croisées. Dans la salle à manger, jusqu'à 1,75 m de hauteur, lambris composé de baguette sapin 13 m/m chanfreinés sur les rives, cimaise et plinthes de 0,22 cm sur 13 m/m, moulurées et chanfreinées. Dans les 2 water-closets sièges en sapin vernis 30 m/m avec abattant. Dans la cuisine, tablette à la hotte 22 cm sur 0,15 m/m, égouttoir à deux compartiments au-dessus d'évier.

PARQUETS

Au rez-de-chaussée ; posé sur lambourdes pour toutes les parties sur terre-plein et sur solives pour les autres parties, ledit parquet en chêne à l'anglaise pour la salle à manger et en sapin de 30 m/m d'épaisseur pour les autres pièces dépourvues de carrelage. Au premier étage, parquets en sapin de 25 m/m d'épaisseur pour toutes les pièces. Volets bruts en lames de sapin blanchies pour la clôture hivernale des grandes baies et les travées vitrées du salon et volets boisés en lames de sapin assemblées à mouchettes pour les autres baies.

PEINTURE ET VITRERIE

Vitrerie en verre simple, troisième choix. Papiers de tenture lavable dans les chambres, toilettes, dégagement, vestibule et escalier. Peinture dans la cuisine et les water-closets. Frise peinte dans la salle à manger. Tous les fers passés au minium.

Montant des dépenses . . . . 15. 000 Fr.

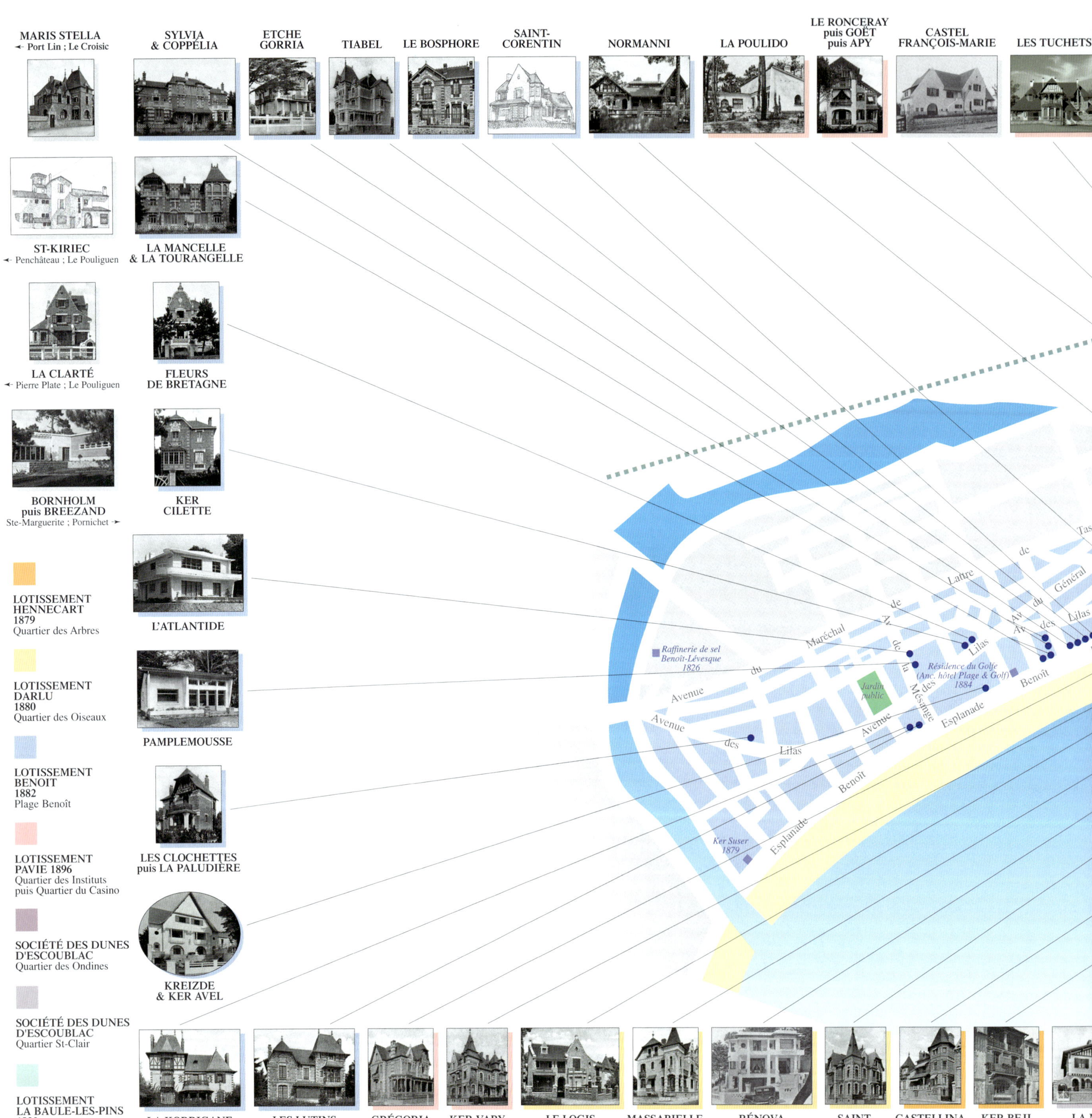
MARIS STELLA
← Port Lin ; Le Croisic
SYLVIA & COPPÉLIA
ETCHE GORRIA
TIABEL
LE BOSPHORE
SAINT-CORENTIN
NORMANNI
LA POULIDO
LE RONCERAY puis GOËT puis APY
CASTEL FRANÇOIS-MARIE
LES TUCHETS
ST-KIRIEC
← Penchâteau ; Le Pouliguen
LA MANCELLE & LA TOURANGELLE
LA CLARTÉ
← Pierre Plate ; Le Pouliguen
FLEURS DE BRETAGNE
BORNHOLM puis BREEZAND
Ste-Marguerite ; Pornichet →
KER CILETTE
L'ATLANTIDE
PAMPLEMOUSSE
LES CLOCHETTES puis LA PALUDIÈRE
KREIZDE & KER AVEL
LOTISSEMENT HENNECART 1879
Quartier des Arbres
LOTISSEMENT DARLU 1880
Quartier des Oiseaux
LOTISSEMENT BENOIT 1882
Plage Benoît
LOTISSEMENT PAVIE 1896
Quartier des Instituts puis Quartier du Casino
SOCIÉTÉ DES DUNES D'ESCOUBLAC
Quartier des Ondines
SOCIÉTÉ DES DUNES D'ESCOUBLAC
Quartier St-Clair
LOTISSEMENT LA BAULE-LES-PINS 1923
Raffinerie de sel Benoît-Lévesque 1826
Résidence du Golfe (Anc. hôtel Plage & Golf) 1884
Jardin public
Ker Suser 1879
Avenue du Maréchal de Lattre de Tassigny
Av. de la Mésange
Av. du Général
Av. des Lilas
Avenue des Lilas
Avenue des Lilas
Esplanade Benoît
Esplanade Benoît
LA KORRIGANE
LES LUTINS
GRÉGORIA
KER VARY
LE LOGIS D'ARMOR
MASSABIELLE puis CANASTA puis SÉDUCTION
RÉNOVA
SAINT-QUIRIAC
CASTELLINA
KER BEJI

ADRESSES ET PLAN

DESSINS D'ARCHITECTE

Les TUCHETS
villa anglo-normande de Louis Sézille.
(dessin 3D de Studio Anatole)

La CROIX SAINT-CLAIR
villa hollandaise de Paul-Henri Datessen. La Baule, 1933.
(gouache sur carton)

ELMONIC puis **La MAMOUNIA**
villa anglo-normande de René Perrey. La Baule.
(dépliant commercial)

SUNN WOOD (sic)
villa hollandaise d'Adrien Grave. La Baule.
(dépliant commercial)

YVES-MICHEL puis **La COLLINE**
villa internationale de René Perrey. La Baule.
(gouache sur tirage de plan)

Dans l'esprit de **KER MARTINE**
villa coloniale de Georges Meunier. La Baule.
(dépliant commercial)

SERENITAS
villa provençale de Georges Vachon. La Baule, 1930.
(gouache sur carton)

Les MICOCOULES
villa provençale de Georges Meunier. La Baule.
(dépliant commercial)

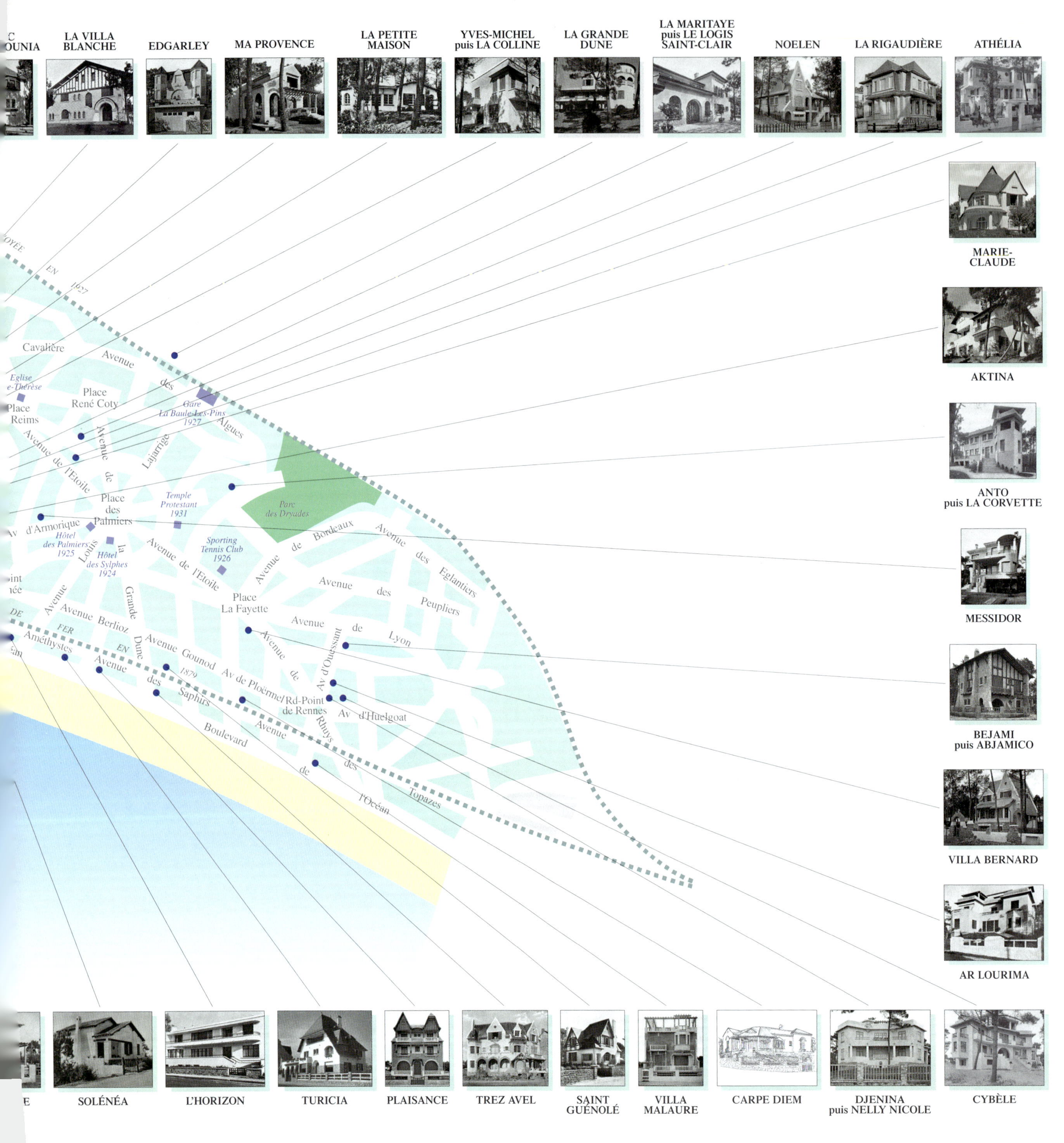

OUNIA
LA VILLA BLANCHE
EDGARLEY
MA PROVENCE
LA PETITE MAISON
YVES-MICHEL puis LA COLLINE
LA GRANDE DUNE
LA MARITAYE puis LE LOGIS SAINT-CLAIR
NOELEN
LA RIGAUDIÈRE
ATHÉLIA
MARIE-CLAUDE
AKTINA
ANTO puis LA CORVETTE
MESSIDOR
BEJAMI puis ABJAMICO
VILLA BERNARD
AR LOURIMA
CYBÈLE
DJENINA puis NELLY NICOLE
CARPE DIEM
VILLA MALAURE
SAINT GUÉNOLÉ
TREZ AVEL
PLAISANCE
TURICIA
L'HORIZON
SOLÉNÉA
Cavalière
Avenue des Algues
Eglise
e-Thérèse
Place René Coty
Place Reims
Gare La Baule-Les-Pins 1927
Avenue de l'Etoile
Avenue de Lajarrige
Place des Palmiers
Temple Protestant 1931
Parc des Dryades
d'Armorique
Hôtel des Palmiers 1925
Hôtel des Sylphes 1924
Louis la
Sporting Tennis Club 1926
Avenue de l'Etoile
Avenue de Bordeaux
Avenue des Eglantiers
Avenue des Peupliers
Place La Fayette
Avenue de Lyon
Avenue Berlioz
Grande Dune
Avenue
Avenue Gounod
Av de Ploërmel
Rd-Point de Rennes
Av d'Ouessant
Avenue de
Av d'Huelgoat
Rhuys
Avenue des Améthystes
Avenue des Saphirs
Avenue des Topazes
Boulevard de l'Océan
EN 1927
DE FER EN 1879

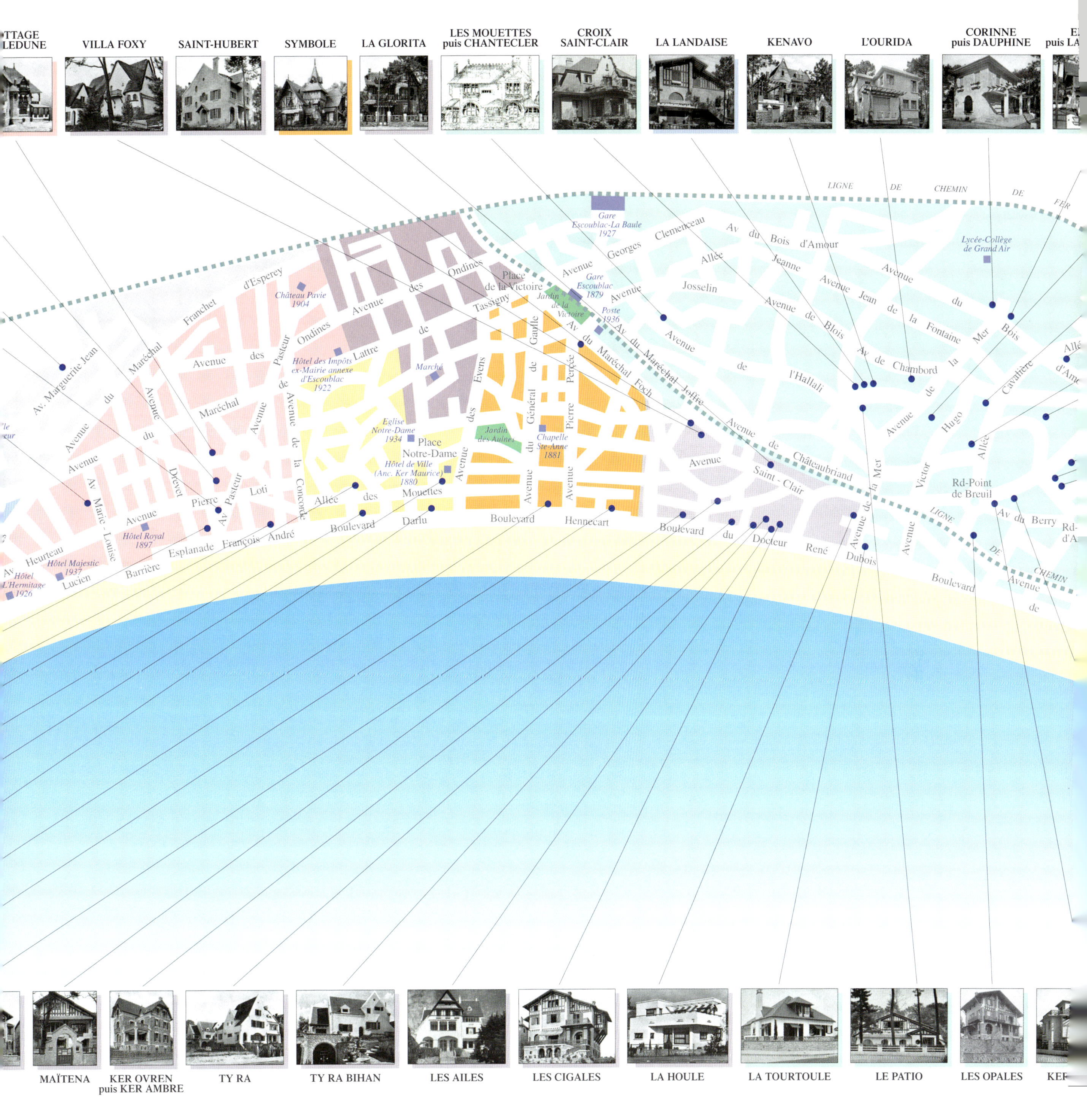

TTAGE LEDUNE
VILLA FOXY
SAINT-HUBERT
SYMBOLE
LA GLORITA
LES MOUETTES puis CHANTECLER
CROIX SAINT-CLAIR
LA LANDAISE
KENAVO
L'OURIDA
CORINNE puis DAUPHINE
Gare Escoublac-La Baule 1927
Gare Escoublac 1879
Poste 1936
Jardin de la Victoire
Place de la Victoire
Château Pavie 1904
Hôtel des Impôts ex-Mairie annexe d'Escoublac 1922
Marché
Eglise Notre-Dame 1934
Place Notre-Dame
Hôtel de Ville (Anc. Ker Maurice) 1880
Jardin des Aulnes
Chapelle Ste-Anne 1881
Hôtel Royal 1897
Hôtel Majestic 1937
Hôtel L'Hermitage 1926
Lycée-Collège de Grand Air
Rd-Point de Breuil
LIGNE DE CHEMIN DE FER
Boulevard Darlu
Boulevard Hennecart
Boulevard du Docteur René Dubois
Esplanade François André
Avenue Georges Clemenceau
Av du Bois d'Amour
Avenue de Châteaubriand
Avenue de la Mer
MAÏTENA
KER OVREN puis KER AMBRE
TY RA
TY RA BIHAN
LES AILES
LES CIGALES
LA HOULE
LA TOURTOULE
LE PATIO
LES OPALES

ANNEXE 4

VILLA BLANCHE

Villa basque à La Baule-les-Pins

André Batillat, architecte d.p.l.g. à Saint-Nazaire in *La Construction Moderne* / 22 avril 1934 / N° 30 / 49e année

Il y a actuellement, à La Baule-les-Pins, deux genres à la mode pour la construction des villas : d'une part le genre moderne, d'autre part le genre provincial.

Elles sont nombreuses les villas qui évoquent par leur façade les types provinciaux : bretons, normands, provençaux, basques ; et si nous ne sommes pas très partisans de l'édification illogique de maisons régionales dans des régions où géographiquement elles ne peuvent exister, il faut toutefois reconnaître que le type basque s'harmonise fort bien avec le pays Baulois.

Les pins noirs qui tapissent les dunes, le beau ciel bleu, le climat idéal qui règne dans cette contrée en toutes saisons ne sont pas sans quelques analogies avec les éléments caractéristiques de la nature basque ; de là peut-être la faveur particulière dont la villa basque paraît jouir à la Baule.

La villa construite par M. Batillat, architecte à Saint-Nazaire, nous paraît particulièrement intéressante, car le dessinateur a su se dégager ici des formules par trop répétées et créer une œuvre originale.

Construite en maçonnerie de pierre du pays et enduite avec un gros jetis blanc, sa couverture est en tuiles plates.

Elle comporte :

- Au rez-de-chaussée : un grand hall donnant accès à un salon - salle à manger, à un bureau et à un office ; l'escalier d'accès aux étages y prend son départ.

- Au 1er étage, un grand palier sur lequel s'ouvrent deux grandes chambres en façade sur le jardin tennis, l'une avec toilette, l'autre avec salle de bains ; de chaque côté il y a deux autres chambres avec toilettes.

- Les w.-c. sont également sur le palier.

- Le 2e étage comporte en façade sur le tennis deux chambres avec toilettes et penderies.

- La façade principale dont nous donnons une photographie présente une harmonieuse disposition.

- Le porche couvert accompagné de la verrière de la cage de l'escalier indique clairement la disposition intérieure, tandis que les petites fenêtres à cintre supérieur apportent une note pittoresque et amusante.

ANNEXE 5

Villa CYBELE

Villa à La Baule-les-Pins

Adrien Grave, architecte d.p.l.g. à La Baule-les-Pins in *La Construction Moderne* / 28 juin 1931 / N° 39 / 46e année

Dans un site enchanteur, au milieu des pins et entourée d'un jardin magnifique, s'élève une villa moderne qui par sa conception hardie et d'un goût très sûr, classe l'architecte qui l'a conçue parmi les meilleurs des architectes d'avant-garde.

Adrien Grave qui est l'auteur de cette réalisation intéressante a déjà fait preuve de son talent en construisant la gare et le golf de La Baule et l'église de La Baule-les-Pins.

La villa que nous présentons est destinée à la villégiature et au week-end d'un industriel habitant Paris et rien n'a été négligé pour garder à l'homme d'affaires - dans sa demeure - l'esprit industriel de notre époque.

Le propriétaire de la villa - qui est un marin accompli - son yacht en fait preuve - a demandé à l'architecte de concevoir la villa un peu comme un navire. Et de cette idée fondamentale est sortie un ensemble pur et net de lignes propres et sain à habiter.

L'ossature de la villa est en béton armé, les murs sont isothermiques. Le plan d'une conception classique est conforme aux exigences de gens modernes.

Simplicité, pureté de forme, facilité de se mouvoir, d'évoluer.

Le sous-sol se compose : d'un garage avec chambre de chauffeur, buanderie, deux chambres de domestiques. Locaux pour chauffage central et charbon.

Toutes les pièces du rez-de-chaussée : salon, fumoir, salle à manger sont groupées autour du grand hall. La séparation se fait par des grilles en fer forgé exécutées suivant les dessins de l'architecte.

Dans la salle à manger, l'œil est attiré par une grande table en ciment avec une application de Marb-L-Cot. Le dessus en marbre.

Le sol du rez-de-chaussée est en mosaïque. La niche qui se trouve dans le hall au milieu de l'escalier a double évolution, conduit au premier étage et est occupée par une fontaine lumineuse d'un effet très décoratif.

Le premier étage se compose de cinq chambres de maîtres avec deux salles de bains et toilette pour chaque chambre.

Tous les murs et parois intérieurs ont une application de Marb-L-Cot et ont une tonalité différente.

La villa couverte en toiture terrasse possède une deuxième terrasse superposée qui abrite un bar et qui, par mauvais temps, peut-être fermé par de grandes portes-fenêtres. L'ensemble de la terrasse avec le bar et bains de soleil rappelle étrangement le Deck d'un paquebot, et un soir d'été en voyant devant soi l'immense baie, l'illusion est complète.

La villa disposée en éventail a toutes ses chambres orientées face au sud. Tous les radiateurs sont dans les allèges des fenêtres et masqués par des cache-radiateur en fer forgé. Les fenêtres sont protégées de la tempête par du zinc, la composition des façades est horizontale, une grande frise en couleur et des caisses à fleurs judicieusement réparties adoucissent un peu la sévérité des lignes droites.

Les façades sont enduites en ciment blanc et se détachent nettement sur un fond de verdure.

L'ensemble de la construction a été construit par l'Entreprise générale Caucanas à La Baule. Installation sanitaire et électricité par la Maison Levrard à La Baule. La décoration et ameublement par M. Roger, Faubourg Saint-Antoine à Paris.

La superficie de la villa est de 155 m^2 environ. Son prix de revient de 500 000 francs.

ANNEXE 6

Villa ATHELIA

Villa à La Baule-les-Pins

Adrien Grave, architecte d.p.l.g. à La Baule-les-Pins in *La Construction Moderne* / 22 avril 1934 / N° 30 / 49e année

L'accroissement rapide de La Baule-les-Pins et les nombreuses constructions qui se réalisent, chaque année, en toutes saisons ont nécessité l'installation sur place de cabinets d'architectes.

Outre ce rôle essentiellement utilitaire, la construction d'une villa destinée à l'habitation personnelle d'un architecte n'est-elle pas la meilleure réclame que l'on puisse envisager ?

Aussi « Athélia », demeure et bureau de M. Grave [« architecte d.p.l.g. »], est un excellent exemple des recherches dans le sens moderne particulièrement réussies au cours de ces dernières années.

La villa est située près de la place des Palmiers, c'est-à-dire dans le centre actif de la station ; meilleur emplacement ne pouvait-être choisi pour un édifice ayant un rôle si spécialisé ; l'architecte pour ses besoins y a installé ses bureaux et également ses appartements privés ; les deux services étant nettement séparés.

L'ossature de la villa est en béton armé, les murs sont isothermiques.

Le sous-sol se compose de : un garage, une chambre de domestique, cave, chauffage central, buanderie, w.-c. et un bureau pour les dessinateurs.

Le rez-de-chaussée comprend : la salle d'attente, les bureaux, [« salle de réception et salle de dessin »], la salle à manger, l'office, la cuisine, les w.-c., ces différentes pièces étant desservies par un hall.

L'aération de toutes ces salles est largement assuré et dans le bureau les grandes baies sont à guillotine.

La salle à manger est traitée en style breton, le plafond est constitué par de grosses poutres et soliveaux tandis que les murs sont tendus avec des panneaux en cretonne. Dans la partie supérieure une large frise peinte par M. Guillaume représente des scènes bretonnes : marins construisant des bateaux, marins halants des filets. La cheminée décorative est en pierre du pays et granit, elle contient deux petites logettes destinées à recevoir des livres.

Le sol du rez-de-chaussée est en parquet sans joints avec large bordure et deux tons opposés ; dans le hall il y a un carrelage décoratif et dans la salle à manger le sol est composé de grandes dalles de granit en deux tons du plus heureux effet.

L'escalier d'accès au premier étage est en béton, la rampe est constituée par une partie en béton armé et au-dessus des tubes en fer nickelé.

Le premier étage se divise en quatre chambres de maîtres avec salle de bains, des cabinets de toilettes pour chaque chambre et des w.-c. Tous les sols sont en parquet sans joints sauf la salle de bains qui est en carrelage décoratif.

Les murs de la salle de bains ont une application de silexine traitée avec des motifs modernes formés de larges feuilles à importants reliefs ; le tout peint en vert avec des glacis de divers tons qui assurent aux modelés une harmonie très agréable.

La décoration des chambres est constituée par des papiers peints modernes de la Maison Follot.

Enfin toutes les ouvertures extérieures sont protégées par des volets en fer se repliant en tableaux.

La façade principale offre un aspect très varié grâce aux différents accidents qui accusent son parti : balcons en saillie, bow-window circulaire, etc., et son originalité s'affirme surtout par la disposition toute particulière de l'escalier.

Son entrée est située exactement dans l'angle nord, elle est abritée par un léger auvent en béton. Trois longues marches d'angle atteignent un premier palier qui sert de départ à un double escalier, l'un à droite monte le long de la façade principale et donne accès aux pièces d'habitation, l'autre à gauche plaqué contre la façade latérale dessert les bureaux ; les deux parties de la villa sont donc desservies séparément.

On remarquera que les deux paliers supérieurs des ces deux escaliers sont bien abrités par les saillies en auvent des terrasses.

Les façades sont enduites en ciment teinté crème, enduit spécial assez irrégulier, représentant comme une légère ondulation imitant un mouvement de vagues.

L'ensemble est couronné par une frise décorative de fond rouge avec des motifs horizontaux ondulés teintés crème.

Les balcons et terrasses sont agrémentés de caisses à fleur donnant une note gaie à l'ensemble.

La villa Athélia a été construite par l'entreprise générale Caucanas à la Baule.

L'installation sanitaire a été faite par M. Levraud à la Baule, l'installation du chauffage central par la Maison Bazin et l'installation électrique par M. Thomas.

ANNEXE 7

Villa MESSIDOR

Villa à La Baule-les-Pins

Adrien Grave, architecte d.p.l.g. à La Baule-les-Pins in *La Construction Moderne* / 18 février 1934 / N° 21 / 49e année

Autrefois, les chalets et les villas de La Baule se pressaient les uns contre les autres le long du « remblai » ou boulevard de mer ; les seuls espaces libres étaient relégués par derrière, là seulement se trouvaient de petits jardins rabougris et d'une composition banale.

Il en est autrement avec La Baule-les-Pins car l'espace ne manque pas ; toutefois ce n'est pas là exclusivement la cause du développement qu'y prennent les jardins, il faut y voir aussi les effets de la mode et de la vogue de plus en plus grande pour les entourages pittoresques encadrant les villas. Le goût est aux jardins, non pas aux jardins quelconques mais aux parcs soigneusement étudiés, s'accordant avec le caractère architectural de la villa.

Ces deux dernières années, de grands progrès ont été réalisés à La Baule-les-Pins dans cet ordre d'idée ; les architectes ne se sont pas contentés de dessiner l'édifice proprement dit, mais ils ont encore étendu leur recherches à la composition de délicieux jardins dont le charme constitue un nouvel attrait pour le propriétaire et pour les visiteurs.

La villa « Messidor », à M. Petit, architecte M. Adrien Grave [« d.p.l.g. »] est une des plus heureuses réalisations de l'année 1933. Dans cette importante construction destinée à la villégiature d'un homme d'affaires habitant le Nord, rien n'a été négligé pour permettre l'oubli des affaires.

N'y a-t-il pas là une nouvelle compréhension du rôle de l'architecte, celui-ci ne se cantonnant plus exclusivement dans le domaine technique se préoccupe enfin du milieu, de l'ambiance et même des éléments psychologiques qui peuvent être en jeu.

Félicitons-nous de ces tentatives qui ne peuvent qu'élever le niveau de l'art architectural et lui faire jouer le rôle humain primordial pour lequel il est avant tout créé.

L'ossature de la villa « Messidor » est en béton armé, les murs sont isothermiques.

On retrouve dans les plans la conception

classique mais une conception qui, malgré tout, se conforme aux exigences du goût moderne.

Le sous-sol se compose d'un vaste garage pouvant contenir deux voitures, de trois chambres dont une pour le chauffeur et deux pour les domestiques, et de locaux pour cave, buanderie, chauffage central et enfin deux w.-c.

Le rez-de-chaussée comprend une grande salle à manger donnant en façade, un bureau, une cuisine avec son office, un w.-c.-toilette et une chambre de réserve pouvant servir de salle à manger pour les domestiques. Toutes ces pièces sont desservies par un hall.

La salle à manger traitée en style rustique breton, offre une vaste cheminée en pierre et granit ; le plafond est à grosses poutres apparentes et soliveaux ; les murs sont garnis de lambris avec panneaux en velours assorti ; au-dessus une large frise décorative peinte par Guillaume représente des scènes de la vie bretonne.

Dans les baies des vitraux en verre antique reproduisent des paysages ou des scènes marines.

Un escalier donnant accès au premier étage part de cette pièce et complète l'effet décoratif.

Le bureau est traité en moderne ; deux larges baies à guillotine avec volets roulants y répandent une grande clarté.

Les murs sont enduits de silexine mais dans la partie supérieure une frise décorative peinte également par Guillaume représente des scènes flamandes.

Les portes de la salle à manger et du bureau sont en verre cathédrale blanc, sur lequel ont été gravés des motifs dessinés par l'architecte.

La cuisine et l'office ont les murs ripolinés en ton vert jade ; les accessoires les plus modernes y trouvent place : frigidaire dans l'office, meubles, tables et chaises en fer de la maison Ch. Blanc et cuisinière à gaz.

Les sols sont : en parquet de chêne dans le bureau, en carrelage de grès cérame décoratif dans le hall, en grandes dalles de granit en deux tons dans la salle à manger.

L'escalier donnant accès au 1er étage est en béton armé, la rampe est en maçonnerie avec au-dessus des tubes en fer nickelé.

Le hall et l'escalier ont reçu une application de silexine suivant un décor moderne.

Le premier étage comprend trois chambres de maîtres, une salle de bains, des cabinets de toilettes pour chaque chambre et des w.-c. Toutes ces pièces sont traitées d'une façon très moderne.

La grande chambre a son soubassement tendu de velours gaufré vieil or et les parties hautes ont reçu une application de silexine ; le grand placard est traité en silexine comme les murs, avec plaques d'entrée de serrurerie en aluminium. Sur le fond des lits un grand panneau décoratif, peint par M. Guillaume et encadré par une moulure noir et aluminium, représente une vue de Venise.

Toutes les autres chambres ont des applications de silexine avec des dessins assez gros mais de tons et de dessins différents.

La salle de bains possède des appareils très modernes et la baignoire est encastrée, les murs ont une application de silexine avec de très gros reliefs, teintés en différents tons.

Le chauffage central ainsi que le service d'eau chaude est assuré par une chaudière à gaz donnant le maximum de confort.

Tous les radiateurs sont placés dans les allèges des croisées et dissimulés par des cache-radiateur soit en fer forgé dans les pièces traitées en rustique, soit en bois en harmonie avec celui des meubles des pièces où ils sont destinés avec des combinaisons de bandes d'aluminium.

La porte d'entrée sur la façade principale est en fer forgé avec bande chromée tandis qu'un verre océanique blanc dépoli forme fond.

Tous les meubles ont été exécutés par M. Sébilleau suivant les maquettes de l'architecte et selon le style des pièces.

Les façades sont enduites en ciment teinté rose, enduit passé irrégulièrement, au-dessus existe une frise en couleur.

Les balcons, les différentes terrasses avec leurs caisses à fleurs, viennent mettre une couleur vive dans l'ensemble.

La composition des façades n'est pas pour déplaire à un homme du Nord et le parallélisme des zones de l'enduit rosé de ciment donne un aspect général qui tout en étant de conception très moderne, rappelle un peu certaines constructions des régions nord de la France ; ceci est, du reste, psychologiquement très heureux.

L'arrangement pittoresque du jardin joue un rôle capital dans la villa « Messidor » et les photographies que nous en donnons, en reproduisant différents aspects du parc, permettront de se faire une idée de l'importance, prise dorénavant à La Baule, par l'art des jardins.

Le parc assez vaste est traité à la française ; sous le perron et dans l'axe de la façade s'érige une charmante fontaine toute en émaux de Mettlach, tandis que dans le parterre central s'ouvre une pièce d'eau agrémentée d'un jet d'eau avec des jeux de lumière donnant la nuit les plus heureux effets.

Dans le jardin encadrant le bassin sont installés plusieurs pergolas et un coin de verdure permettant le repos. Au fond, un kiosque rustique couvert en chaume ajoute une note pittoresque à cet agréable ensemble.

La construction « Messidor » a été faite par l'entreprise général Marcel Rigaud à La Baule, l'installation sanitaire et le chauffage central par M. Levrard à la Baule ; l'installation électrique par M. Thomas à La Baule ; la ferronnerie par la Maison Bosridon à La Baule et le mobilier par M. Sébilleau à Redon.

ANNEXE 8

Villa AR LOURIMA

Villa à La Baule-les-Pins

Marcel Chaney, architecte d.p.l.g. à Saint-Nazaire in *La Construction Moderne* / 18 février 1934 / N° 21 / 49e année

Dans la nouvelle extension de La Baule, c'est-à-dire dans la station estivale de La Baule-les-Pins, les vastes terrains qui s'étendent entre la voie ferrée et la mer offrent des possibilités constructives considérables.

Il y a là des espaces propices au développement des nouveaux principes architecturaux et l'on peut constater que depuis quelques années chaque campagne de construction améliore les qualités esthétiques et apporte d'heureuses modifications dans le sens du bien-être et du confort.

Propriétaires et architectes comprennent, enfin, ce qu'on est en droit d'attendre d'une ville uniquement édifiée pour un agréable séjour au bord de la mer ; l'air, le soleil vont dorénavant largement pénétrer dans les pièces grâce à de larges baies et de multiples terrasses vont permettre le repos au grand air.

Il convient également de signaler le souci manifesté en vue d'obtenir une plus harmonieuse adaptation des plans et des façades avec les accidents du terrain et l'aspect du site. Mais, nous le répétons, le plus grand progrès réalisé c'est celui qui a transformé la physionomie de la ville, jadis banale et sans caractère, qui a su lui faire exprimer sa fonction essentielle, c'est-à-dire un agréable séjour de vacances.

L'ambiance de gaieté et de bonheur qui résulte du contact journalier avec la nature semble ainsi partagée par l'habitation. Cette nouvelle compréhension du rôle de la villa au bord de la mer exige de l'architecte de solides qualités esthétiques et une compréhension parfaite du milieu.

Enfin, ces spécialistes en décors estivaux, loin de s'arrêter à des formules qui pourraient être envisagées comme définitives continuent, au contraire, à évoluer et à poursuivre la recherche d'une esthétique qu'ils voudraient encore plus expressive et plus affinée.

Les efforts réalisés à La Baule-les-Pins durant ces dernières années méritent d'être connus et nous nous proposons d'étudier dans la Construction Moderne les villas les plus typiques et les plus réussies.

La propriété « Lourima », à M. Le docteur P..., architecte M. M. Chaney (d.p.l.g.), a été établie sur un emplacement assez ingrat car les niveaux du terrain étaient fort accentués ; très profond en avant, très élevé dans la partie arrière, il y avait là une notable différence entre les deux parties du sol.

La réception située au rez-de-chaussée donnant de plain-pied sur le jardin postérieur, est donc assise sur une plate-forme à laquelle on accède par un escalier extérieur aux emmarchements larges et doux, contre butée par un glacis gazonné adossant un fond d'entrée avec un banc de repos. Aucune balustrade ne vient gêner la vue.

Sur la gauche se trouvent l'entrée du garage et l'entrée de service qui sont nettement séparés de la réception.

Au rez-de-chaussée le hall d'entrée est largement ouvert d'un côté sur le salon, de l'autre sur la salle à manger et dans le fond sur un vestibule qui s'ouvre sur le jardin.

Par l'absence de portes entre toutes les pièces, la composition de cette réception se trouve très aérée et s'apparente à la villa pompéienne, les sols sont carrelés et mosaïqués, de même l'escalier montant aux étages est en maçonnerie mais avec des

échiffres très ajourés continuant ce rappel.
Le bureau situé sur la façade postérieur donnant sur le jardin est une pièce parfaitement tranquille convenant bien à sa destination.

Les murs sont revêtus de peinture plastique, travaillée simplement et de couleur blonde harmonieuse.

Au 1er étage se trouvent les chambres de maîtres, avec salles de bains et toilettes ; les chambres et les couloirs ont des sols en béton avec linoléum et les bains-toilette sont carrelés, les murs sont revêtus de matroïl et de peinture plastique.

Au 2e étage, il y a des chambres avec toilettes et une grande loggia largement ouverte sur des terrasses, celles-ci peuvent être soit découvertes, ce qui leur permet d'être utilisées journellement. Les chambres de domestiques sont situées dans une partie du sous-sol donnant sur la cour de service.

Extérieurement la villa se présente en façade principale avec une succession de terrasses et d'appartements qui lui donne une architecture aux volumes puissants et bien équilibrés.

Cet extérieur ne doit son caractère qu'à la judicieuse distribution des pleins et des vides car il n'y a aucun ornement sculpté ni peint, seule la grande corniche mouluré qui fait supérieurement le tour de la construction procure avec son large larmier saillant, un jeu d'ombres profondes et rectilignes.

L'inégalité des deux avant-corps, l'un occupé par le salon, l'autre par la salle à manger, procure une certaine fantaisie.

La façade postérieure agréablement traitée donne sur un jardin bien ordonné se terminant vers le fond par une partie de parc à l'anglaise.

Tout l'extérieur a reçu un enduit en ciment rustiqué et lissé par parties. Au point de vue construction, tout a été bien conçu pour avoir un minimum d'entretien comme il convient, du reste, à une maison saisonnière.

Intérieurement, tout a été fait avec le même souci d'en rendre l'utilisation facile et agréable car dans une habitation d'été la maîtresse de maison doit pouvoir aussi profiter du repos des vacances.

CHARRETTE !...

VOCABULAIRE ARCHITECTURAL

Très rarement mitoyenne (sauf villas jumelles) une *villa* est une maison individuelle entourée d'un jardin-salon d'été qui, en fait, est une véritable salle de séjour à ciel ouvert. Le vocabulaire architectural, ci-dessous, énumère les différents *espaces transitionnels* ou *sas de transition* (liste non exhaustive) qui mènent à ce séjour. Chacun d'eux permet l'observation à l'extérieure des murs d'une habitation tout en prolongeant la protection offerte par cette habitation. Hormis les portes et fenêtres, communes à toute construction, une « villa » (balnéaire, thermale, tropicale ou autre pavillon de banlieue non symétrique) possède *quelque soit son style décoratif* (médiévale, basque, paquebot, californie...) tout ou partie de ces éléments. Sur la côte et même ailleurs, la très fameuse intégration dans le paysage pour les permis de construire passe, non pas par un décor à la mode ou même politiquement correct, mais seulement par l'utilisation de ce vocabulaire.

1. **Auvent** : accrochée à un mur, c'est une petite toiture au dessus d'une ouverture ou d'un portail de clôture. A la fin du XIXe siècle l'emploi de marquise (variante vitrée) est rare sur la côte car sa structure en acier non traité rouille avec le sel marin.

2. **Auvent de toiture** : toiture débordant largement le pignon ou le mur qu'elle protège (courant dans l'architecture anglo-normande ou basque).

3. **Baie coulissante** : porte-fenêtre dont les 2 volumes vitrés glissent sur un rail et se superposent pour permettre un passage à l'extérieur avec une ouverture à 50 % mais sans encombrer l'espace intérieur. La baie à galandage offre une ouverture à 100 % car les vantaux coulissent derrière une contre-cloison. Il est alors facile de créer une baie de 5 m d'ouverture, idéal !

4. **Balcon** : situé en étage, c'est un plateau (dalle minérale, plancher bois) en encorbellement d'une façade. Il se décline en balcon-terrasse lorsque celui-ci est suffisamment spacieux pour accueillir une grande tablée.

5. **Balcon couvert** : espace identique au précédent mais protégé par un auvent. Lorsqu'un balcon-terrasse est couvert on peut le considérer comme une véranda en étage.

6. **Belvédère** : petit édicule au sommet d'une colline ou d'une construction qui permet d'observer et de contempler un paysage. Il provient de l'Italien *Bel Vedere* signifiant « bien voir » et équivaut en français aux Belle Vue, Beau Regard, Beau Site.

7. **Bow-window** : mot anglais (littéralement fenêtre en arc, en Amérique *bay-window* : fenêtre en baie) désigne au rez de chaussée seulement l'excroissance extérieure d'une pièce formée de trois fenêtres sur un plan trapézoïdal et protégées par une couverture à trois pans. Totalement protégé, l'habitant profite d'une pleine lumière et d'une large vision sur l'extérieur. En France, il fut souvent nommé *window* jusqu'en 1939. A l'intérieur le plancher du bow-window est plus haut que celui du séjour.

8. **Galerie** : sorte de véranda étirée ou de long balcon couvert, elle dessert plusieurs pièces directement par l'extérieur. Assez rare sur la côte, on parle de véranda au rez de chaussée car celle-ci, plus profonde, accepte aisément table et chaises longues.

9. **Jardin d'hiver** : large véranda vitrée formant une pièce accolée à une villa et à l'intérieur de laquelle sont cultivées de nombreuses plantes malgré les rigueurs climatiques. L'accès directe villa-jardin intérieur est primordial pour la détente de l'habitant. L'emploi sur la côte est rare car les villas n'étaient habitées qu'à la belle saison.

10. **Kiosque** : mot d'origine turc signifiant petit édicule situé dans un jardin. Il est composé d'une toiture (le plus souvent bombée car inspirée par le bulbe ottoman) soutenue par des poteaux. Il permet ainsi l'observation du paysage à 360° tout comme le belvédère.

11. **Loggia** : mot d'origine italienne signifiant pièce, à l'intérieur d'une construction, sans

mur extérieur (supprimé) et donc grande ouverte sur le jardin. En étage, tel un balcon, elle possède un garde corps.

12. **Oriel** : situé en étage, cet élément de plan rectangulaire est similaire au bow-window du rez de chaussée. Au Moyen Âge, il abritait souvent les toilettes accrochées au mur extérieur en évacuation directe ! Dans certaines villas de la côte il abrite encore des lavabos.

13. **Pergola** : mot d'origine italienne, c'est une charpente de poteaux - poutrelles en attente d'une couverture végétale (plantes grimpantes) et non pas minérale (ardoise, tuile) comme pour une véranda et souvent située dans un jardin aménagé ou sur une toiture terrasse. Elle représente un idéal psychologique pour l'homme : être abritée sous une végétation nourricière ou ornementale. Signifiant la douceur du climat (vie à l'extérieure avec plantes fleuries) elle amène alors à la poésie et à la contemplation. Souvent couverte d'une vigne, elle fut en vogue entre les deux guerres.

14. **Perron** : petite terrasse en pierre au niveau de l'entrée surélevée d'une demeure et accédant au jardin par un emmarchement aussi en pierre. Pour une villa, le perron est très souvent protégé par un auvent.

15. **Porche** : protégeant un seuil d'entrée c'est une toiture soutenue par des piliers ou poteaux. Il peut aussi être intégré dans le bâti, tel une loggia, avec un ou deux murs ouverts.

16. **Porte-fenêtre** : à la fois porte (vantail permettant l'accès extérieur) et fenêtre (2 vantaux vitrés par où pénètre la lumière extérieure), cet élément (appelé *french window* par les Anglais : fenêtre française), cet élément comporte 2 portes vitrées. Son ouverture crée un encombrement intérieur. Encadré par 2 châssis et surmonté d'une imposte fixes, il devient une large porte-fenêtre. Durant le Régionalisme (1920-1939), elle est très souvent en plein cintre.

17. **Rotonde** : vaste bow-window demi-cylindrique, généralement devant le séjour, et couvert par une toiture terrasse aménagée en balcon. La rotonde fut utilisée sur la Côte d'Amour par les architectes Paul-Henri Datessen et Adrien Grave vers 1930 puis par Philippe Louis vers 1960.

18. **Serre** : avec sa toiture totalement vitrée, c'est un espace, situé dans le jardin et indépendant de la construction, destiné à la conservation des plantes fragiles lors des rigueurs de l'hiver.

19. **Store banne** : protection solaire constituée d'une toile dépliée à l'horizontal au dessus d'une ouverture. Il joue aussi le rôle de véranda estivale et amovible car repliable par mauvais temps.

20. **terrasse** : plateau minéral (dallage, graviers) ou un platelage en bois exposé au soleil, qui prolonge une pièce bénéficiant généralement d'un site agréable (panorama, jardin).

21. **Tonnelle** : Comme la pergola, cette structure métallique en arceau sert de support aux plantes grimpantes. Assez rare sur la côte à cause de l'air salin.

22. **Tourelle** : perchée dans l'angle du bâti comme une échauguette militaire, cette petite tour permet une vision panoramique de 270°.

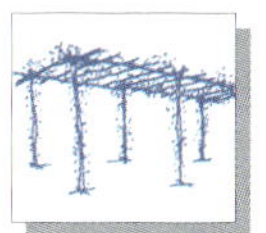

23. **Treille** : pergola constituée de perches et de branches élaguées et non de bois équarris.

24. **Varangue** : mot tiré du portugais *varanda* désignant dans l'Océan indien (Maurice, Réunion,…) une sorte de loggia, au rez-de-chaussée ou à l'étage, encadrée par deux petites pièces vitrées. Dans ces colonies indiennes, fin XVIIIe et début XIXe siècle, les riches propriétaires soutenaient ces varangues avec des colonnes néoclassiques et ajoutaient ainsi à la symétrie de la « case ». Ce terme est peu utilisé sur la Côte d'Amour.

25. **Véranda** : ce mot tiré du portugais *varanda* (espace extérieur : balcon, terrasse) est un espace couvert prolongeant le bâti au rez-de-chaussée. La véranda est supportée par des poteaux (en portuguais *vara* : tige, potelet). C'est un espace exposé au soleil et, de ce fait, protégé par une couverture minérale (ardoise, tuile). Aux Antilles (*Indes de l'Ouest* pour les Anglais) la case créole est entourée d'une véranda, ou possède au minimum une véranda en façade. Jusqu'à la Première Guerre mondiale, le terme *véranda* est très utilisé sur la Côte d'Amour.

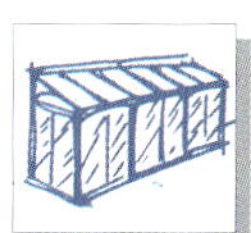

26. **Véranda vitrée** : identique à la précédente mais fermée par des châssis fixes, des portes-fenêtres et des coulissants faisant obstacle aux vents. La technologie des années 1980 à développer cet élément grâce à de larges vitrages robustes maintenus par une structure en aluminium.

LISTE PAR ARCHITECTE DES CONSTRUCTIONS PUBLIÉES

Ce sigle signifie que le bâtiment est détruit en 2002

AUBRY François Pierre (1841-1922)			
1. FLEURS DE BRETAGNE	Villas et Cottages des Bords de l'Océan	(1911)	pl. 12
2. KER CILETTE	Villas et Cottages des Bords de l'Océan	(1911)	pl. 21
3. Le BOSPHORE	Villas et Cottages des Bords de l'Océan	(1911)	pl. 26

AURIEUX Joseph			
1. EDGARLEY	Villas Modernes de la Côte d'Amour	1930	pl. 3, 4

BATILLAT André (1901-1965)			
1. La VILLA BLANCHE	la Construction Moderne (Vol.49 N° 30)	22 avril 1934	p. 504 ; pl. 101, 102

BOILLE Maurice Marcel Marie Charles (1883-1966)			
1. KREIZDE & KER AVEL	l'Illustration (N° 5020 *l'Habitation*)	20 mai 1939	

BOUGOÜIN Marie **François** Louis (1846-1933)			
1. KER MARIA / TOULAIN à Penchâteau	le Moniteur des Architectes	1881	pl. 7
2. GRAND HOTEL au Pouliguen (projet)	la Mouette	1909	N° 7

BOUGOÜIN Joseph Marie François (1871-1956) et **Paul** Marie Joseph (1876-1959) (œuvres du père attribuées aux deux fils)

1. CASTELLINA	Villas et Cottages des Bords de l'Océan	(1911)	pl. 16
2. La KORRIGANE	Monographies de Bâtiments Modernes (T. II Livr. 119)	s.d.	p. 145, 146
3. La KORRIGANE	Villas et Cottages des Bords de l'Océan	(1911)	pl. 5,6
4. Les LUTINS	Villas et Cottages des Bords de l'Océan	(1911)	pl. 9

BOURINEAU Pierre (1909-1969)			
1. L'ATLANTIDE	Petites Maisons et Villas d'Aujourd'hui	(1960)	pl. 12
2. L'HORIZON	Petites Maisons et Villas d'Aujourd'hui	(1960)	pl. 15 / 2
3. L'HORIZON	Interview (Lille)	(1960)	p. 40

CASSARD Pierre (1901-1962)			
1. VILLA à Pornichet	l'Habitation Moderne	mai 1929	p. 453 à 459

CAUCHOIS A.			
1. VILLA REGIONALE	la Vie à la Campagne	15 août 1932	p. 5, 6

CHANEY Marcel Théodore (1885-1950)			
1. AR LOURIMA	la Construction Moderne (Vol. 49 N° 21)	18 février 1934	p. 321 à 329

CHAUSSEPIED Charles Joseph (1866-1930)

1. (HOTEL DE M. L., ARMATEUR) (projet à Saint-Nazaire)	Le Moniteur des Architectes	1895	pl. 68, 69

CHAUVET André Joseph (1878- ?)

1. SAINT-QUIRIAC avec Lafont	Villas et Cottages des Bords de l'Océan	(1911)	pl. 14, 15
2. La VIGIE ROMAINE au Croisic	Maison Pour Tous	15 septembre 1933	p. 261 à 265
3. La VIGIE ROMAINE au Croisic	la Vie à la Campagne	(1933)	
4. Le MOULIN BLANC à Batz-sur-mer	la Vie à la Campagne (n° 242)	1er août 1923	p. 310 à 313

COLIN Fernand Emile (1889- ?)

1. POTEL et CHABOT Restaurant	Encyclopédie d'Architecture (T.3 Fasc. IV)	janvier 1931	pl.100

COUPRY Paul avec Paul HENEULT

1. LÆTITIA/ KER JEANETTE à Ste-Marguerite ; Pornichet	Villas & Petites Constructions	s.d. (1895)	pl. 61 à 63

DATESSEN Marie **Edouard** Siméon (1856-1940)

1. VILLA à La Baule	la Construction Moderne (Vol.14)	1898-1899	p. 43, 44

DATESSEN Paul-Henri Marie Siméon (1884 - 1938) (fils d'Edouard)

1. Les AILES	les Echos de La Baule (N° 16)	7 août 1932	p. 11
2. Les AILES	Plaisir de France (N° 151 *la Mer*)	juin 1950	p. 50, 51
3. AKTINA	l'Illustration (N° 5020 *l'Habitation*)	20 mai 1939	
4. CARPE DIEM	l'Illustration (N° 5020 *l'Habitation*)	20 mai 1939	
5. CASTEL FRANÇOIS-MARIE	Encyclopédie d'Architecture (T. IV, Fasc. III et IV)	octobre 1931	pl. 77
6. CASTEL FRANÇOIS-MARIE	l'Illustration (N° 5020 *l'Habitation*)	20 mai 1939	
7. CASTEL FRANÇOIS-MARIE	les Echos de La Baule (N° 15)	23 juillet1932	p. 13
8. CELTIC HOTEL	Encyclopédie d'Architecture (T.V, Fasc. I)	février 1932	pl. 19, 20
9. CROIX SAINT-CLAIR	l'Illustration (N° 5020 *l'Habitation*)	20 mai 1939	
10. DISPENSAIRE	Encyclopédie d'Architecture (T. IV, Fasc. III et IV)	octobre 1931	pl. 77
11. DISPENSAIRE	les Echos de La Baule (N° 16)	7 août 1932	p. 11
12. DISPENSAIRE	les Echos de La Baule (N° 20)	4 septembre 1932	p. 5
13. La FRESNAYE	les Echos de La Baule (N° 16)	7 août 1932	p. 11
14. KER VIR	les Echos de La Baule (N° 13)	1er juillet 1932	p. 3
15. KER VIR	les Echos de La Baule (N° 15)	23 juillet 1932	p. 13
16. MARIE-CLAUDE	l'Illustration (N° 5020 *l'Habitation*)	20 mai1939	
17. LE MAS	les Echos de La Baule (N° 17)	14 août 1932	
18. Les ROCHES ROUGES	l'Illustration (N° 4656 *Le Jardin*)	28 mai 1932	
19. Les ROCHES ROUGES	l'Architecture d'Aujourd'hui (N° 4 *Jardins*)	avril 1937	p. 84
20. SAINT-CORENTIN	Encyclopédie d'Architecture (T. IV, Fasc. III et IV)	octobre 1931	pl. 77
21. SAINT-CORENTIN	Villas	(1930)	pl. 34, 35
22. SAINT-CORENTIN	les Echos de La Baule (N° 14)	16 juillet 1932	p. 13
23. SAINT-GUÉNOLÉ	l'Illustration (N° 4491 *la Maison*)	30 mars 1929	
24. SAINT-GUÉNOLÉ	Villas	(1930)	pl. 36, 37
25. SAINT-GUÉNOLÉ	les Echos de La Baule (N° 13)	1er juillet 1932	p. 13
26. SAINT-GUÉNOLÉ	les Echos de La Baule (N° 22)	1er octobre 1932	p. 5
27. SAINT-KIRIEC à Penchâteau	Plaisir de France (N° 151 *la Mer*)	juin 1950	p. 51
28. SUNNY COTTAGE	l'Architecture	1925	p. 101

29. SOLENEA	l'Illustration (N° 4491 *la Maison*)	30 mars 1929	
30. SOLENEA	les Echos de La Baule (N° 17)	14 août 1932	p. 15
31. TY BREIZ	les Echos de La Baule (N° 17)	14 août 1932	
32. TY RA	l'Illustration (N° 4491 *la Maison*)	30 mars 1929	
33. TY RA	Villas	(1930)	pl. 31 à 33
34. TY RA	les Echos de La Baule (N° 14)	16 juillet 1932	p. 13
35. TY RA	les Echos de La Baule (N° 19)	28 août 1932	p. 5
36. TY RA	les Echos de La Baule (N° 22)	1er octobre 1932	p. 5
37. VILLANELLE	l'Architecture	1925	p. 102

DEPERTHES Jules Louis Edmond (1864-1919)

1. KER BEJI	l'Architecture Usuelle	1905	
2. KER BEJI	Monographies de Bâtiments Modernes (T.V. Livr. 253)	s.d.	p. 361 à 364

DOMMEE Georges Louis Arthur (1867-1943)

1. Les CLOCHETTES	Villas et Cottages des Bords de l'Océan	(1911)	pl. 10
2. La MANCELLE & La TOURANGELLE	Villas et Cottages des Bords de l'Océan	(1911)	pl. 11
3. TIABEL	Villas et Cottages des Bords de l'Océan	(1911)	pl. 18, 19
4. SYLVIA & COPPÉLIA	Villas et Cottages des Bords de l'Océan	(1911)	pl. 20

DUHAYON Louis Eugène Désiré (1884-1963)

1. TURICIA	Plaisir de France (N° 151 *la Mer*)	juin 1950	p. 54

DUMOULIN L.

1. KER HOUX Côte Sauvage ; Le Croisic	Monographies de Bâtiments Modernes (Livr. 29)	s.d.	p. 21 à 24

GEFFROY Roland

1. SAINT-HUBERT	Villas Modernes de la Côte d'Amour	1930	pl. 31, 32

GIRETTE Jean (1845 - 1930)

1. LES CIGALES	Villas et Cottages des Bords de l'Océan	(1911)	pl. 3, 4
2. La MAISON BASQUE	Villas et Cottages des Bords de l'Océan	(1911)	pl. 7, 8

GRAVE Adrien Pierre (1888 - 1953)

1. ANTO / LA CORVETTE	Villas Modernes de la Côte d'Amour	1930	pl. 8 à 10
2. ANTO / LA CORVETTE	Encyclopédie d'Architecture (T. V, Fasc. II)	avril 1932	pl. 38
3. ATHELIA	la Construction Moderne (Vol. 49 N°30)	24 avril 1934	p. 504 à 506
4. AVEL MOR	les Echos de La Baule	août 1931	p. 12
5. BEJAMI / ABJAMICO	Villas	(1930)	pl. 45 à 47
6. BEJAMI / ABJAMICO	Villas Modernes de la Côte d'Amour	1930	pl. 5, 6, 7
7. La CLARTÉ à Penchâteau ; Le Pouliguen	Villas	(1930)	pl. 29, 30
8. CYBÈLE	la Construction Moderne	28 juin 1931	p. 609 à 616
9. CYBÈLE	Encyclopédie d'Architecture (T. V, Fasc. II)	avril 1932	pl. 39
10. ETCHE GORRIA	Villas	(1930)	pl. 41, 42
11. La GLORITA	Villas	(1930)	pl. 39, 40
12. KENAVO	Villas Modernes de la Côte d'Amour	1930	pl. 39, 40
13. KENAVO	Villas	(1930)	pl. 19 à 21

14. KENAVO	Plaisir de France (N° 151 *la Mer*)	juin 1950	p. 55
15. Le LOGIS D'ARMOR	Villas	(1930)	pl. 27, 28
16. MAÏTENA	Villas Modernes de la Côte d'Amour	1930	pl. 29, 30
17. MAÏTENA	Villas	(1930)	pl. 43, 44
18. MESSIDOR	la Construction Moderne (Vol. 49 N° 21)	18 février 1934	p. 321, 324 à 329
19. MESSIDOR	Encyclopédie d'Architecture (T.VII, Fasc. III)	s.d..	pl. 59
20. NORMANNI	Villas	(1930)	pl. 38
21. NOELEN	Villas	(1930)	pl. 25, 26
22. Les OPALES	Encyclopédie d'Architecture (T.V, Fasc. I)	février 1932	pl. 23, 24
23. Les OPALES	l'Illustration (N° 4656 *Le Jardin*)	28 mai 1932	
24. Les OPALES	Plaisir de France (N° 151 *la Mer*)	juin 1950	p. 56
25. Le PATIO	Plaisir de France (N° 151 *la Mer*)	juin 1950	p. 55
26. RÉNOVA	Encyclopédie d'Architecture (T.VII, Fasc. III)	s.d..	pl. 60
27. SAINTE-THÉRÈSE (Eglise)	Kornog Occident	15 mai 1930	p. 8 bis
28. TOPAZE	Villas Modernes de la Côte d'Amour	1930	pl.14, 15
29. TREZ AVEL	Villas	(1930)	pl. 16, 17
30. VILLA BERNARD	Villas	(1930)	pl. 22 à 24

HENEULT Paul Edouard Julien (1844-1909) avec Paul COUPRY

1. LÆTITIA / KER JEANETTE à Ste-Marguerite ; Pornichet	Villas et Petites Constructions	s.d.	pl. 61 à 63

JAUNY Roger Francis (1921-...)

1. La HOULE	Petites Maisons et Villas d'Aujourd'hui	(1960)	pl. 36 / 2

JOLIVEL Marcel

1. BORNHOLM / BREEZAND à Ste-Marguerite ; Pornichet	Petites Maisons et Villas d'Aujourd'hui	(1960)	pl. 4 / 1

JOSSO Clément (1853-1902)

1. MARIS STELLA au Croisic	Villas et Cottages des Bords de l'Océan	(1911)	pl. 17
2. MARIS STELLA au Croisic	Monographies de Bâtiments Modernes (N° 248)	s.d.	p. 305 à 308.

KALBERMATEN Etienne de (1886- ?) avec Paul METZ

1. DJENINA / NELLY-NICOLE	Villas Modernes de la Côte d'Amour	1930	pl. 24,26

LAFONT Georges Joseph Charles Jules Théophile (1847-1924)

1. KER VARY	Villas et Cottages des Bords de l'Océan	(1911)	pl. 13,15
2. PEN BRON au Croisic	la Construction Moderne	4 janvier 1908	p. 160 à 163 ; pl. 34,35
3. PEN BRON au Croisic	la Construction Moderne	11 janvier 1908	p. 176 à 178
4. SAINT-QUIRIAC	Villas et Cottages des Bords de l'Océan	(1911)	pl. 14,15
5. SYMBOLE	Villas et Cottages des Bords de l'Océan	(1911)	pl. 1

LE BOT Emile Gustave (1889- ?) avec Ferdinand MENARD

1. GRÉGORIA	Villas et Cottages des Bords de l'Océan	(1911)	pl. 22,24
2. KER OVREN / KER AMBRE	Villas et Cottages des Bords de l'Océan	(1911)	pl. 23,24
3. MASSABIELLE / CANASTA / SÉDUCTION	Villas et Cottages des Bords de l'Océan	(1911)	pl. 26,28
4. SIEBEL	Architecture Usuelle	1911-1912	pl. 98

LOUIS Philippe Dominique Eugène Napoléon (1910-1988)

1. Villa FOXY	Petites Maisons et Villas d'Aujourd'hui	(1960)	pl. 11 / 1
2. PAMPLEMOUSSE	Petites Maisons et Villas d'Aujourd'hui	(1960)	pl. 12 / 2
3. La PETITE MAISON	Petites Maisons et Villas d'Aujourd'hui	(1960)	pl. 11 / 2
4. La TOURTOULE	Plaisir de France (N° 151 *la Mer*)	juin 1950	p. 52, 53

MARGOTIN Marc Emile (1896- ?) avec Adrien GRAVE et Emile ROUBERT

1. ANTO / La CORVETTE	Villas Modernes de la Côte d'Amour	1930	pl. 8 à 10
2. ANTO / La CORVETTE	Encyclopédie d'Architecture (T. V, Fasc. II)	avril 1932	pl. 38

MENARD Ferdinand Marcel Jean (1873-1958) avec Emile LE BOT

1. GRÉGORIA	Villas et Cottages des Bords de l'Océan	(1911)	pl. 22, 24
2. KER OVREN / KER AMBRE	Villas et Cottages des Bords de l'Océan	(1911)	pl. 23, 24
3. MASSABIELLE / CANASTA / SÉDUCTION	Villas et Cottages des Bords de l'Océan	(1911)	pl. 26, 28
4. SIEBEL	Architecture Usuelle	1911-1912	pl. 98

METZ Paul Xavier (1882- ?) avec Etienne de KALBERMATTEN

1. DJENINA / NELLY-NICOLE	Villas Modernes de la Côte d'Amour	1930	pl. 24, 26

MEUNIER Georges René (1890-1935)

1. L'ALCYON	les Echos de La Baule (N° 13)	1er juillet 1932	p. 13
2. AUTOCARS DROUIN	Encyclopédie d'Architecture (T.VII, Fasc. IV)	s.d..	pl. 87
3. KER BREZONNEC à Penchâteau ; Le Pouliguen	les Echos de La Baule (N° 13)	1er juillet 1932	p. 13
4. KER MARTINE	Villas Modernes de la Côte d'Amour	1930	pl. 1, 2
5. La FRÉGATE à Penchâteau ; Le Pouliguen	les Echos de La Baule (N° 15)	23 juillet 1932	p. 13
6. La FRÉGATE à Penchâteau ; Le Pouliguen	les Echos de La Baule (N° 20)	4 septembre 1932	p. 5
7. La FRÉGATE à Penchâteau ; Le Pouliguen	les Echos de La Baule (N° 22)	1er octobre 1932	p. 5
8. SOLEIA	les Echos de La Baule (N° 19)	28 août 1932	p. 5
9. La GRANDE DUNE	Plaisir de France (N° 151 *la Mer*)	juin 1950	p. 55
10. La GRANDE MARE	les Echos de La Baule (N° 14)	16 juillet 1932	p. 13
11. La GRANDE MARE	les Echos de La Baule (N° 20)	4 septembre 1932	p. 5
12. La GRANDE MARE	l'Illustration (N° 4656 *Le Jardin*)	28 mai 1932	
13. La GUITOUNE	les Echos de La Baule (N°18)	21 août 1932	
14. L'HERMITAGE (VILLA)	les Echos de La Baule (N°19)	28 août 1932	p. 5
15. L'HERMITAGE (VILLA)	les Echos de La Baule (N° 22)	1er octobre 1932	p. 5
16. L'HOUSTAL	les Echos de La Baule (N° 21)	11 septembre 1932	p. 9
17. La LANDAISE	Villas Modernes de la Côte d'Amour	1930	pl. 20, 21
18. La LANDAISE	les Echos de La Baule (N° 18)	21 août 1932	
19. MA BRETONNE	les Echos de La Baule (N° 21)	11 septembre 1932	p. 9
20. La MARITAYE / Le LOGIS SAINT-CLAIR	Encyclopédie d'Architecture (T.VII, Fasc. IV)	s.d..	pl. 88, 89
21. La MARITAYE / Le LOGIS SAINT-CLAIR	l'Illustration (N° 4656 *Le Jardin*)	28 mai 1932	
22. La MARITAYE / Le LOGIS SAINT-CLAIR	l'Architecture d'Aujourd'hui (N° 4 *Jardins*)	avril 1937	p. 74
23. PLAISANCE	Villas Modernes de la Côte d'Amour	1930	pl. 35, 36
24. STEREDEN MOR	les Echos de La Baule (N° 21)	11 septembre 1932	p. 9
25. TY MENEZ	les Echos de La Baule (N° 18)	21 août 1932	

PARENT Claude

1. La POULIDO	Petites Maisons et Villas d'Aujourd'hui	(1960)	pl. 4 / 2

PERREY René Charles Emile (1891 - 1969)

1. CORINNE / DAUPHINE	Villas Modernes de la Côte d'Amour	1930	pl. 22, 23
2. CORINNE / DAUPHINE	la Vie à la Campagne (*les Maisons Fleuries*)	15 avril 1931	p. 27
3. ELMONIC / La MAMOUNIA	l'Illustration (N° 4490 suppl. commercial)	23 mars 1929	p. XXIII
4. ELMONIC / La MAMOUNIA	La Baule Illustrée	printemps 1929	p. 23, 24
5. ELMONIC / La MAMOUNIA	Villas Modernes de la Côte d'Amour	1930	pl. 11 à 13
6. KER NINOUNE	l'Habitation Moderne	1er juillet 1928	p. 46, 47
7. MA PROVENCE	Villas Modernes de la Côte d'Amour	1930	pl. 27, 28
8. Les POTERIES NORMANDES	l'Habitation Moderne	novembre 1928	p. 206 à 208
9. L'OURIDA	Villas Modernes de la Côte d'Amour	1930	pl. 33, 34
10. YVES-MICHEL / La COLLINE	l'Illustration (N° 4505 suppl. commercial)	6 juillet 1929	p. XXIII
11. YVES-MICHEL / La COLLINE	Villas Modernes de la Côte d'Amour	1930	pl. 16 à 19
12. La RIGAUDIÈRE	Villas Modernes de la Côte d'Amour	1930	pl. 37, 38

RALLE Charles (1892-1967)

1. MANSARDE de MIMI PINSON à Pornichet	Villas de France	(1935)	pl. 9, 10

ROUBERT Louis Honoré Charles (1883- ?) avec Adrien GRAVE et Marc MARGOTIN

1. ANTO / La CORVETTE	Villas Modernes de la Côte d'Amour	1930	pl. 8 à 10
2. ANTO / La CORVETTE	Encyclopédie d'Architecture (T. V, Fasc. II)	avril 1932	pl. 38

SEZILLE Louis-Pierre François (1881-1955)

1. COTTAGE BELLEDUNE	Salons d'Architecture	1907	p. 9,10
2. COTTAGE BELLEDUNE	Architecture aux Salons	1907	
3. COTTAGE (Projet)	Projet et Exécution d'Architecture Moderne	1903	
4. DJALI	Modèles de Castels et Villas	1907	mod. 22, pl. 37, 41 à 43
5. DJALI & ESMERALDA	Architecture aux Salons	1906	
6. DJALI & ESMERALDA	Art et Décoration	1906	
7. ESMERALDA	Modèles de Castels et Villas	1907	mod. 21, pl. 37 à 38
8. MAYA / La PINSONNAIE	Modèles de Castels et Villas	1907	mod. 12, pl. 19, 20
9. Les MOUETTES / CHANTECLER	Villas et Maisons de Campagne (Vol 2, n°1)	5 juin 1907	p. 12, 13
10. PHARMACIE de PARIS	Architecture aux Salons	1906	
11. Les TUCHETS	la Vie à la Campagne	juin 1909	

VAUDOYER Georges Léon Jean (1877- ?)

1. Le RONCERAY / GOËT / APY	Villas et Cottages des Bords de l'Océan	(1911)	pl. 2
2. Le RONCERAY / GOËT / APY	la Vie à la Campagne	1911	

VORIN Paul Léon Auguste (1882-1944)

1. PLAGE de La Baule (Projet d'Estacade et de Casino)	Architecture aux Salons	1913	p. 115 à 117

Adresses des constructions publiées, non présentées dans cet ouvrage

AVANT 1914

DJALI & ESMERALDA	17 et 19, avenue Cornil
Le GRAND HOTEL (projet)	Avenue de la Plage et avenue du Maréchal-Foch au **Pouliguen**
KER HOUX	Côte Sauvage au **Croisic**
LÆTITIA (KER JEANNETTE)	3, avenue de Cavaro à **Pornichet**
MAYA / La PINSONNAIE	11, avenue de la Concorde
PEN BRON	Face au port du **Croisic**
PHARMACIE DE PARIS	111, avenue du Général-de-Gaulle
SIEBEL	14, avenue de la Concorde

TYPE BRETON

AVEL MOR	36, boulevard de l'Océan (immeuble *Le Grand Large*)
CELTIC HOTEL	115, avenue du Maréchal-de-Lattre-de-Tassigny et avenue de Joyeuses
DISPENSAIRE	39, avenue du Maréchal-Joffre et place de la Victoire
La FREGATE	3, allée Roch Loued à Penchâteau **Le Pouliguen**
KER BREZONNEC	78, boulevard du Labego à Penchâteau **Le Pouliguen**
KER VIR	2, avenue des Violetttes et 11, avenue de Lyon
MA BRETONNE	12, avenue de Lorraine et avenue du Maine
MANSARDE de MIMI PINSON	21, avenue Monnier à **Pornichet**
Eglise SAINTE-THÉRÈSE	Place de Reims (*nouvelle église*)
STEREDEN MOR	22, avenue Berlioz
TY BREIZ	7, avenue des Rosières et avenue de Joyeuses
TY MENEZ	13, avenue de Bordeaux

TYPE ANGLO-NORMAND

L'ALCYON	25, allée Cavalière et 3, avenue de Valençay
La GUITOUNE	37, avenue Louis-Lajarrige
KER NINOUNE	42, avenue de la Grande Dune
Les POTERIES NORMANDES	37, avenue de la Grande Dune
Les ROCHES ROUGES	3 et 5, avenue Honoré-de-Balzac
SOLEIA	47, boulevard du Dr. René-Dubois (immeuble *Thalassa*)
SUNNY COTTAGE	19, avenue de la Voie Lactée et 28, avenue Saint-Clair
VILLA	7, avenue des Evens à **Pornichet**

TYPE PROVENCAL

La FRESNAYE	8, avenue de Lorraine
La GRANDE MARE	2, avenue du Professeur Thiroloix (immeuble *la Grande Mare*)
L'HERMITAGE	15, avenue de l'Eglise
L'HOUSTAL	12, avenue de Chenonceaux
KER MARIA / TOULAIN	37, rue François-Bougoüin à Penchâteau **Le Pouliguen**
Le MAS	48, boulevard du Dr. René-Dubois et 1, avenue Victor-Hugo (immeuble *Thalassa*)
POTEL et CHABOT	4, place des Dryades

TYPE COLONIAL

STATION AUTOCARS DROUIN	Place de la Victoire et 2, avenue Jean-de-Neyman
La VILLANELLE	10, avenue de la Voie Lactée et 6, allée Neptune

DIVERS

La VIGIE ROMAINE	Côte Sauvage au **Croisic**
Le MOULIN BLANC	Route du Pouliguen à **Batz-sur-Mer**

L'ARCHITECTE

COMPOSER

COMPILER

COMPLAIRE

L'HOMME POLITIQUE

- PLUS 20 APPARTEMENTS... PAR ÉTAGE !

TABLES DES RECUEILS

Table des planches de l'album
VILLAS & COTTAGES DE L'OCEAN
Ed. Charles Massin, Paris

Pl. : 1	*Chalet Symbole*, La Baule	Georges Lafont, architecte à Nantes
Pl. : 2	*Le Ronceray*, La Baule	Georges Vaudoyer, architecte à Paris
Pl. : 3-4	*Les Cigales*, La Baule	Jean Girette, architecte à Paris
Pl. : 5-6	*La Korrigane*, Le Pouliguen	Joseph & Paul Bougoüin, architectes à Nantes
Pl. : 7-8	*La Maison Basque*, La Baule	Jean Girette, architecte à Paris
Pl. : 9	*Les Lutin*s, Le Pouliguen	Joseph & Paul Bougoüin, architectes à Nantes
Pl. : 10	*Les Clochettes*, La Baule	Georges Dommée, architecte à Nantes
Pl. : 11	*La Mancelle* & *La Tourangelle*, La Baule	Georges Dommée, architecte à Nantes
Pl. : 12	*Fleurs de Bretagne*, Le Pouliguen	François Aubry, architecte à Nantes
Pl. : 13	*Ker Vary*, La Baule	Georges Lafont, architecte à Nantes
Pl. : 14	*Saint-Quiriac*, La Baule	Georges Lafont & André Chauvet, architectes à Nantes
Pl. : 15	Plans de *Ker Vary* et *Saint-Quiriac*	Georges Lafont & André Chauvet, architectes à Nantes
Pl. : 16	*Castellina*, La Baule	Joseph & Paul Bougoüin, architecte à Nantes
Pl. : 17	*Maris Stella*, Le Croisic	Clément Josso, architecte à Paris
Pl. : 18-19	*Tiabel*, La Baule	Georges Dommée, architecte à Nantes
Pl. : 20	*Sylvia* & *Coppélia*, La Baule	Georges Dommée, architecte à Nantes
Pl. : 21	*Ker Cilette*, Le Pouliguen	François Aubry, architecte à Nantes
Pl. : 22	*Grégoria*, La Baule	Ferdinand Ménard & Emile Le Bot, architectes à Nantes
Pl. : 23	*Ker Ovren*, La Baule	Ferdinand Ménard & Emile Le Bot, architectes à Nantes
Pl. : 24	Plans de *Grégoria* & *Ker Ovren*	Ferdinand Ménard & Emile Le Bot, architectes à Nantes
Pl. : 25	*Le Bosphore*, Le Pouliguen	François Aubry, architecte à Nantes
Pl. : 26	*Massabielle*, La Baule	Ferdinand Ménard & Emile Le Bot, architectes à Nantes
Pl. : 28	Plans de *Massabielle*	Ferdinand Ménard & Emile Le Bot, architectes à Nantes

Plus du tiers de l'album publié vers 1910, est consacré à La Baule (soit 27 planches sur 76).
Autres villas présentées à : Royan, Arcachon, Biarritz. Format vertical : 45 x 32 cm.

Table des planches de l'album
VILLAS MODERNES DE LA CÔTE D'AMOUR
Ed. Charles Massin, Paris

Pl. : 1 et 2	Villa *Ker Martine*	Georges Meunier, architecte d.p.l.g.
Pl. : 3 et 4	Villa *Edgarley*	Joseph Aurieux, architecte
Pl. : 5 à 7	Villa *Bejami* [Abjamico]	Adrien Grave, architecte d.p.l.g.
Pl. : 8 à 10	Villa moderne [Anto / la Corvette]	Adrien Grave, Margottin & Roubert, architectes d.p.l.g.
Pl. : 11 à 13	Villa *Elmonic* : [la Mamounia]	René Perrey, architecte d.p.l.g.
Pl. : 14 et 15	Villa moderne [Malauré]	Adrien Grave, architecte d.p.l.g.
Pl. : 16 à 19	Villa *Yves-Michel* [la Colline]	René Perrey, architecte d.p.l.g.
Pl. : 20 et 21	Villa *La Landaise*	Georges Meunier, architecte d.p.l.g.

Pl. : 22 et 23	Villa *Corinne* : [Dauphine]	René Perrey, architecte d.p.l.g.
Pl. : 24 à 26	Villa *Djenina* : [Nelly-Nicole]	Paul Metz & Etienne de Kalbermatten, architectes d.p.l.g.
Pl. : 27 et 28	Villa *Ma Provence*	René Perrey, architecte d.p.l.g.
Pl. : 29 et 30	Villa *Maïtena*	Adrien Grave, architecte d.p.l.g.
Pl. : 31 et 32	Villa moderne : [Saint-Hubert]	Roland Geffroy, architecte
Pl. : 33 et 34	Villa moderne : [L'Ourida]	René Perrey, architecte d.p.l.g.
Pl. : 35 et 36	Villa *Plaisance*	Georges Meunier, architecte d.p.l.g.
Pl. : 37 et 38	Villa *La Rigaudière*	René Perrey, architecte d.p.l.g.
Pl. : 39 et 40	Villa *Kénavo*	Adrien Grave, architecte d.p.l.g.

Cet album totalement consacré à La Baule-les-Pins est publié vers 1930. Format vertical : 32 x 23 cm.

Table des planches de l'album **VILLAS**
Ed. Vincent & Fréal, Paris

Pl. : 16 et 17	Villa de M. Gilbert : [Trez Avel]	Adrien Grave, architecte s.a.d.g.
Pl. : 18 à 21	Villa de M. Lajarrige : [Kenavo]	Adrien Grave, architecte s.a.d.g.
Pl. : 22 à 24	Villa bretonne : [Villa Bernard]	Adrien Grave, architecte s.a.d.g.
Pl. : 25 et 26	Villa de Mme. Santi : [Noelen]	Adrien Grave, architecte s.a.d.g.
Pl. : 27 et 28	Villa de M. Fièvre : [le Logis d'Armor]	Adrien Grave, architecte s.a.d.g.
Pl. : 29 et 30	Villa de M. Beilin : [la Clarté]	Adrien Grave, architecte s.a.d.g.
Pl. : 31 à 33	Villa bretonne : [Ty Ra & Ty Ra Bihan]	Paul-Henri Datessen, architecte d.p.l.g.
Pl. : 34 et 35	Villa bretonne : [Saint-Corentin]	Paul-Henri Datessen, architecte d.p.l.g.
Pl. : 36 et 37	Villa bretonne : [Saint-Guénolé]	Paul-Henri Datessen, architecte d.p.l.g.
Pl. : 38	Villa de M. Riquois : [Normanni]	Adrien Grave, architecte s.a.d.g.
Pl. : 39 et 40	Villa de M. Gauthier : [la Glorita]	Adrien Grave, architecte s.a.d.g.
Pl. : 41 et 42	Villa de M. Pécot : [Etche Gorria]	Adrien Grave, architecte s.a.d.g.
Pl. : 43 et 44	Villa de M. Le Petit : [Maïtena]	Adrien Grave, architecte s.a.d.g.
Pl. : 45 à 47	Villa landaise : [Bejami]	Adrien Grave, architecte s.a.d.g.

Cet album est publié vers 1930. 32 planches sont consacrées à La Baule sur 64 publiées soit la moitié de l'album, les autres villas sont à : Sèvres, Bourg-la-Reine, le Touquet-Paris-Plage, Biarritz, Anglet, Arcachon, Montpellier, Cannes et la Napoule ; en Haute-Savoie. Format vertical : 30 x 20 cm.

Table des planches de l'album
PETITES MAISONS & VILLAS D'AUJOURD'HUI
Ed. Charles Moreau, Paris

Pl. : 4	Villa de caractère régionaliste : [Bornholm] [la Poulido]	1/ Marcel Jolivel, architecte à Saint-Nazaire 2/ Claude Parent, architecte à Paris
Pl. : 11	Villa de caractère régionaliste : [Foxy & la Petite Maison]	Philippe Louis, architecte à La Baule
Pl. : 12	Villa de caractère régionaliste : [L'Atlantide] [Pamplemousse]	1/ Pierre Bourineau, architecte à La Baule 2/ Petite Villa, Philippe Louis, architecte à La Baule
Pl. : 15	Villa à La Baule : [L'Horizon]	Pierre Bourineau, architecte à La Baule
Pl. : 36	Villa à La Baule : [La Houle]	2/ Roger Jauny, architecte à Saint-Nazaire

Cet album est publié vers 1960. 7 villas sont consacrées à La Baule sur les 50 publiées, soit 14 % de l'album. La station de Royan, reconstruite après les bombardements, présente 21 villas. Format vertical : 32 x 22 cm.

BIBLIOGRAPHIE

PHILOSOPHIE

BABOULET Luc
Thoreau, Architecte américain in *Le Visiteur* n°4.
Société Française des Architectes ; Paris, 1999.

BACHELARD Gaston
La Poétique de l'Espace. Quadrige PUF ; Paris 1994

BALLADUR Jean
Le Dedans et le Dehors et *un Architecte romantique : Frank Lloyd Wright* in *Les Temps Modernes* n°s 49 et 121.
Julliard ; Paris, novembre 1949 et janvier 1956.

CHEVALIER Jean et GHEERBRANT Alain
Dictionnaire des Symboles.
Bouquins Robert Laffont ; Paris, 1982.

ELLIADE Mircea
Le Sacré et le Profane. Folio Essais, Gallimard ; Paris 1965

DURAND Gilles
L'Imagination Symbolique. Quadrige PUF ; Paris 1998

FONSEKA Lionel (de)
De la Vérité dans l'Art. Chitra ; Paris, 1930.

HEIDEGGER Martin
Bâtir, Habiter, Penser et *L'Homme habite en poète* in *Essais et Conférences.* Tel Gallimard ; Paris, 1958.

MAYEKAWA Kunio
L'Humanisme et l'Architecture in *Architecture, Forme, Fonction* n° 14. Lausanne, 1968.

NYS Philippe
Le Jardin exploré, une Herméneutique du Lieu volume 1.
Jardins et Paysages, Editions de l'Imprimerie ; Besançon, 1999.

PAQUOT Thierry
L'Art de la Sieste. Zulma ; Cadeilhan, 1998

SIMMEL Georg
Esthétique et Sociologie et
Pont et Porte in *La Tragédie de la Culture.*
Rivages Poches, Petite Bibliothèque ; Paris, 1988.

THERON Michel
Initiation à l'Art. Ellipses ; Paris, 1993.

YOUNES Chris (Collectif)
Ville Contre-Nature : Philosophie et Architecture.
Armillaire La Découverte ; Paris, 1999.

ARCHITECTURE SACRÉE

BURCKHARDT Titus
Principes et Méthodes de l'Art Sacré. Dervy Livres ; Paris, 1995.

JOUVEN Georges
Les Nombres Cachés, Esotérisme Arithmologique ;
L'Architecture Cachée, Tracés Harmoniques ;
La Forme Initiale, Symbolisme de l'Architecture Traditionelle.
Dervy Livres ; Paris 1978 ; 1979 ; 1995.

SURCHAMP Angelico (Dom) et YANG Xin
L'Architecture. Desclée de Brouwer et
Presses Littéraires et Artistiques ; Paris et Shanghaï, 2000

PSYCHOLOGIE

HALL Edward T.
La Dimension Cachée. Essais Points, Seuil ; Paris, 1971.

POSTEL Jacques et QUETEL Claude
Nouvelle Histoire de la Psychiatrie. Privat ; Toulouse, 1983.

MOLES Abraham
Psychologie du Kitsch. Médiations, Denoël Gonthier ; Paris, 1971.

MOLES Abraham et ROHMER Elisabeth
Psychologie de l'Espace Synthèses
Contemporaines, Casterman ; Paris, 1978.

MOSER Gabriel
Les Stress Urbains. U Psychologie, Armand Collin ; Paris, 1992

RACAMIER Pierre-Claude
Psychologie de l'espace architectural in *Architecture, Forme, Fonction* n° 14. Lausanne, 1968.

WINNICOTT Donald W.
Jeu et Réalité : l'Espace Potentiel. NRF, Gallimard ; Paris 1975.

ARCHITECTURE DE VILLÉGIATURE

ACKERMAN James S.
La Villa, de la Rome Antique à Le Corbusier
Collection 35/37 Hazan ; Paris, 1997.

BALLADUR Jean
La Grande Motte. Espace Sud ; Montpellier, 1994.

CORMATIN
Les Arts de la Femme in *Arts de la Vie.* Paris, Février 1904.

Collectif
La Ville d'Hiver d'Arcachon.
Institut Français d'Architecture ; Paris, 1983.

Collectif
Retour aux Sources in *Monuments Historiques* n°1/78.
Paris, 1978.

LE COUEDIC Daniel
Les Architectes et l'Idée Bretonne.
SHAB et AMAB ; Rennes et Brest, 1995

KRAINS Hubert
Le Chalet Suisse in *Arts de la Vie*. Paris, Mars 1905.

Mc KOY Esther
Case Study Houses 1945-1962 2e Edition,
Hennesy & Ingalls, Inc.; Los Angeles, 1977.

NEUTRA J. Richard
Rationalisation et Architecture in *Architecture d'Aujourd'hui* n°6.
Paris, mai-juin 1946.

PLUMET Charles
Le Mensonge de l'Architecture Contemporaine in *Arts de la Vie*.
Paris, janvier 1904.

OSTROWETSKY Sylvia & BORDREUIL J.S.
Le Néo-style régional Espace & Architecture.
Dunod, Bordas ; Paris, 1980.

RIGAUD Olivier & BEDARIDA Marc
Reims - Reconstruction 1920-1930. Reims, Octobre 1988

ROUILLARD Dominique
Le Site Balnéaire. Pierre Mardaga ; Liège, 1984.

SAUZET Maurice
Entre Dedans et Dehors, L'Architecture Naturelle.
Massin, Paris ; 1996.

SAUZET Maurice, BERQUE Augustin & FERRIER Jean-Paul
Entre Japon et Méditerranée. Massin, Paris ; 1999.

VIGATO Jean-Claude
L'Architecture Régionaliste, France 1890-1950 Norma ; Paris, 1994.

VILLÉGIATURE BALNÉAIRE

ANDRE Jean-Marie
Les Loisirs en Grèce et à Rome n° 2169 et
La Villégiature Romaine n° 2728. Que sais-je ?. PUF ; 1984 et 1993.

CHARLES Alain
Le lien homme-nature dans l'architecture balnéaire in
Actes du séminaire « *Intersémioticité de l'Espace Architectural* ».
Sidi Bou Saïd, Tunisie ; mai 2001.

CORBIN Alain
Le Territoire du Vide, L'Occident et le désir du Rivage 1750-1840.
Champs, Flammarion ; Paris, 1988.

HERN Anthony
The Seaside Holiday, the History of the English Seaside Resort.
The Cresset Press ; Londres, 1967.

URBAIN Jean-Didier
Sur la Plage : Mœurs et Coutumes Balnéaires.
Essais Payot ; Paris, 1994.

ARCHITECTURE LOCALE

ALAGUILLAUME Sabine
En Villégiature sur la Côte d'Amour in *Maisons à Vivre* n° 12.
Paris, juillet-août 1998

CHARLES Alain
La Baule-les-Pins, un certain flou in
Monuments Historiques n° 189. Paris, 1993.

Guérande vers Saint-Nazaire par la Côte in *Guide Loire Atlantique*
(non crédité). Gallimard, 1993.

Dans le doux dédale des dunes in *303 Revue des Pays de Loire*
n° XL. Nantes, 1994.

Précurseurs et Fondateurs de la villégiature in *Cahiers du pays de Guérande* n° 35. Guérande, 1994 ;

l'Urbanisme balnéaire in *Le Pouliguen Ensemble*.
Le Pouliguen, 1995.

Déjà La Baule s'affichait. Catalogue de l'exposition d'affiches
1880-1960. La Baule, 1996.

Hermitage Hôtel. Plaquette historique pour le *Club des Originaux Baulois*. La Baule, 1998.

Panoramas 1960-1990. Alain Charles. La Baule, 2001.

Architecture balnéaire, Mode d'emploi ! in *Tiez Breiz* n° 19
Rennes ; 2001.

CHARLES Alain sous la direction de Patrick DIEUDONNE
Bretagne, un XXe siècle d'Architectures
La Baule : *La Colline, Hon Daou, Messidor*
Pornichet : *Ker Souveraine*.
Terres de Brume & AMAB ; Rennes, 2001.

DAVID Colette
Villas de La Baule. La Baule, 1988.

HOFFMAN Stéphane
Des Balcons sur la Mer in *La Baule Privilèges*. Nantes, 1998.

PARENT Claude
La Baule a perdu la guerre des structures in *Architecture* n° 29.
Paris ; novembre 1981.

VIGHETTI Jean-Bernard
Le tourisme dans l'ensemble baulois et ses répercussions dans l'urbanisme et la vie locale. Faculté de Lettres et Sciences Humaines. D.S de Géographie. Nantes ; 1967.

ALBUM DE CARTES POSTALES

ARCHIMBAUD Yves
La Baule. Alan Sutton ; Rennes, 1995

GINGENEAU Jean-Michel
Le Pouliguen. Jean-Michel Gingeneau ; Le Pouliguen, 1995.

PIERRE Jean-Marie
La Baule, Plage Fashionnable 1879-7930 et *Pornichet, Plage des Libraires*. Jean-Marie Pierre ; Pornichet, 1982 et 1984.

PUGET François
Le Croisic, Mémoire de la Presqu'île et du Port.
Gradlon ; Quimper, 1994.

VARIA

LENIAUD Jean-Michel
Chroniques patrimoniales. Norma ; Paris, 2001.

NENNIG Jean-Pierre
Le chemin de fer Nantes-Le Croisic et Guérande, (1851-2001)
Ouest Editions ; Nantes, 2001. (Préface d'Alain CHARLES avec documentation historique pour Saint-Nazaire-Le Croisic)

REMERCIEMENTS

En tout premier lieu, je tiens à remercier ma femme, Catherine, et notre fille, Lucie, qui subissent avec patience ma passion pour cette architecture individuelle ludique et lumineuse. L'idée d'un livre sur les villas revient à mon cousin Patrick Brette, graphiste dans la presqu'île, qui souhaitait voir publiée ma recherche photographique sur l'architecture des villas et leurs détails. Cette collection personnelle de documents, ici présentée, est une des annexes d'un ambitieux projet de tourisme culturel que je tente de mener à bien : un ouvrage sur l'histoire de la Côte d'Amour et son architecture balnéaire. A suivre !...

Dans cette recherche architecturale, pour leurs conseils avisés, leurs vifs encouragements et leurs précieux témoignages, mes remerciements s'adressent à :

Mes professeurs : Alain Rénier, professeur émérite des universités et docteur en architecture, et Daniel Rabreau, historien de l'architecture et professeur en histoire de l'architecture (Sorbonne-Paris I) ;

Mes confrères : Jean Balladur (†), Henri Bresler, Gilbert Chaney (†), Claude Dommée (†), Jean Duhayon, Jean-Michel Gingueneau, Daniel Le Couëdic, Claude Parent, Georges Vachon père (†) et fils, Maurice Sauzet et Philippe Vion.

Les spécialistes de sciences humaines : Alain Brice et Pierre Lucas, psychanalystes, Christine Raoul, psychologue, Jean-François Blauwblomme, psychiatre, Mme Magnen, assistante sociale.

Les parents des architectes sur la côte : Mme Jeanine Caillaud-Perrey, Mme Renée Datessen (†), Mme Édith Jauny, M. Pierre Laroza, Mme Philippe Louis, Mlle Florence Marganne, Mme Puget-Bougoüin, Mme Berthe Viale (†), M. Henri Vié.

Les descendants des lotisseurs : le baron Antoine d'Aboville (†) et son fils, Augustin, M. Daniel Benoît (†), M. Bertrand Levesque, M. Louis Pavie (†), M. Donatien de Sesmaisons, Mme Rosy Vaslin-Deltombe.

Tous les passionnés de la presqu'île guérandaise pour l'histoire ou la qualité de vie.

A La Baule : M. Yves Archimbaud, M. Jean-Yves Danet, archiviste municipal, M. Jean Falconnet, M. Monfort, M. Pierre de Mozay, M. Franck Jouet, M. Pierre Orphelin, Mme Renou.

A Pornichet : M. Paul Auclaire, M. Christian Bourcier de Carbon père (†), M. Rémy Durocher (†), Mme Gabrielle Villais (†).

Au Pouliguen : M. Jacques Bouvet, M. Pierre Randet (†).

A Batz-sur-Mer : M. Gildas Buron et Mme Michaëlle Simonin, conservateurs du musée des Marais salants. M. Jean Fréour.

Au Croisic : M. Laurent Delpire.

A Guérande : M. Pierre de La Condamine, président honoraire des Amis de Guérande.

Et bien d'autres...

La présente publication a pu se faire grâce à M. Jean Massin, éditeur à Paris, qui a aimablement autorisé la réimpression des documents parus chez Charles Massin en 1910 et en 1930, et aux propriétaires des villas ici publiées : M. et Mme Appert, Aubert, Beilin, Boëdec, Boille, Bonfait, Boquet, Bouyer, Cathala, Civel, Clergeau, Daral, Delaunay, Denis, Dodin-Paille, Doublet-Régent, Dupont, Faugeras, Fillaux, de Fournoux La Chaze, Garnier, Geffroy syndic, Guilbaud, Guitton, Leblay,

Legal, Lorcy, Loyer, Mainemare-Bor, Marchal, Meulemeester, Michau, Morand, le comte et la comtesse Guy de Moulins de Rochefort, Moyer, Passini, Picca, Pineau, Poisson, Pourieux, Réveillard, Rigano, Robinet-Duffo, Simon, Stocker, Valois, Villas et la Région des Pays-de-Loire.

Cet ouvrage reprend, avec quelques ajouts, l'exposition itinérante qui s'est tenue à La Baule, à Pornichet, au Pouliguen et au Croisic. Je remercie pour leur active participation M. Jacques Boulo, maire adjoint à la Culture au Pouliguen, en septembre 1998 lors des journées du Patrimoine, le Groupement des résidents secondaires de La Baule (Jean-Claude Chouraqui, président), qui en a financé le montage de l'exposition à l'hôtel Royal en juillet 1998, l'Association Pornichet Environnement Patrimoine (Béatrice Legeais, présidente) en août 1998, l'hôtel Port aux Rocs (Bernard Thébault, directeur) au Croisic en septembre 1998, ainsi que mon confrère Jacques Sinay, résident secondaire baulois, Victor Viot, Claire Talmant et Caroline Gaymard, étudiants en architecture, prêtant leur aide et leurs talents pour l'exposition et la maquette.

Cette exposition itinérante reçut le soutien logistique de : Acomys, informatique et réseaux ; hôtels Lucien Barrière ; Philippe Crosnier, architecte paysagiste ESAJ : Jardins couleurs du Monde ; Deville, présentoirs plexi et plastique à façon ; Le Bihen, parquets, terrasse et bois tropicaux ; Riou, peintures et décoration ; Atelier Sagne, menuiserie et charpente.

- Pour mémoire : sur la Côte d'Amour, et plus précisément autour de la baie du Pouliguen, la commune du Pouliguen est la seule, à la demande de plusieurs associations, à avoir entrepris en 1998 l'étude d'une zone de protection du Patrimoine architectural, urbain et paysager. Une ZPPAUP **intercommunale** réclamée par de nombreux résidents, depuis 1995, donnerait enfin corps au tourisme culturel.

- Repoussée vertement par la Mairie de La Baule en 1998 lors de la révision du POS et jusqu'en mars 2002 dans la presse locale, une ZPPAUP est à l'étude depuis juillet 2002, suite au classement de villas par le ministère de la Culture. Gageons que cette ZPPAUP (réservée aux seuls architectes du Patrimoine -pourquoi ce filtre ?-) puisse rapidement aboutir en faisant la part belle au concept d'ouverture et en ne rédigeant pas une esthétique de règlement stylistique...

- Article Ier de la loi sur l'architecture du 3 janvier 1997 : « L'architecture est une expression de la culture. La création architecturale, la qualité des constructions, leur insertion harmonieuse dans le milieu environnant, **le respect des paysages naturels ou urbains ainsi que du Patrimoine** sont d'intérêt public... »

- CHERS CONFRÈRES...